O'r Dechrau i'r Diwedd

FY MYWYD FEL CRISTION

- Trevor Guy
- Sue Mizon
- Paul Morgan

DREF WEN

Gweddi'r Arglwydd

Ein Tad, yr hwn wyt yn y nefoedd,
Sancteiddier dy enw.
Deled dy deyrnas,
Gwneler dy ewyllys,
Megis yn y nef, felly ar y ddaear hefyd.
Dyro i ni heddiw ein bara beunyddiol,
A maddau i ni ein dyledion,
Fel y maddeuwn ninnau i'n dyledwyr.
Ac nac arwain ni i brofedigaeth,
Eithr gwared ni rhag drwg.
Canys eiddot ti yw'r deyrnas, a'r nerth, a'r gogoniant,
Yn oes oesoedd,
Amen.

Ffotograffiaeth arbennig Pat a Charles Aithie (ffotograff)

Dylunio Michael Leaman Design Partnership

Testun Cymraeg Ken Owen

Mae'r llyfrau yn y gyfres hon ar gael hefyd mewn fersiynau Saesneg.

Ffotograffau B. O'Donnell (ffotograff) tudalen 12 uchaf; Trevor Guy (ESIS) tudalennau 3 isaf chwith, 10, 11, 16, 19 canol, 20 isaf, 21 i gyd, 22 i gyd, 23, 24 isaf chwith a de, 28 uchaf, 29 de, 32 isaf, 37 canol, 54 i gyd, 55 uchaf, 57 isaf de, 58 i gyd, 60 i gyd; Archifau Byddin yr Iachawdwriaeth tudalen 13 isaf. Mae'r holl ffotograffau eraill gan Pat a Charles Aithie (ffotograff). Atgynhyrchir rhai o'r rhain (a ddangosir yn aml gydag ategion cornel) oddi wrth ffotograffau a ddarparwyd trwy garedigrwydd y teuluoedd. *Map* Pat a Charles Aithie (ffotograff) tudalen 10. Gwnaethom bob ymdrech i gysylltu â pherchenogion hawlfraint ac ymddiheurwn os buom yn aflwyddiannus mewn unrhyw achos.

Cyhoeddwyd gyntaf 1999 gan Wasg y Dref Wen, 28 Ffordd yr Eglwys, Yr Eglwys Newydd, Caerdydd CF14 2EA. Ffôn 029 20617860.
Adargraffwyd 2001.
Argraffwyd yn Hong Kong.

Cynnwys

Cyflwyniad 4

Ein cymuned 1 6

Ein cymuned 2 8

Cychwyn fy nghrefydd: Iesu Grist 10

Cychwyn fy nghrefydd: Cristnogaeth yn tyfu 12

Dechrau byw: croesawu'r baban 14

Dechrau byw: bedydd 16

Dilyn y llwybr 18

Dilyn y llwybr: storïau yn y Beibl 20

Credoau 22

Ein credoau am Dduw 24

Da a drwg 26

Unioni pethau gyda Duw 28

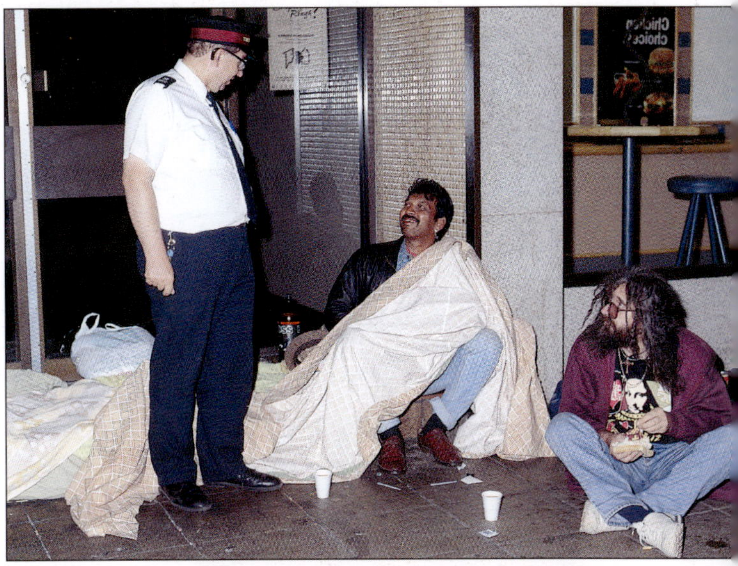

Bywyd yn y cartref 30

Bywyd y tu allan i'r cartref 32

Tyfu: bedydd 34

Tyfu: gwneud addewidion 36

Addoli yn y cartref 38

Cydaddoli 1 40

Cydaddoli 2 42

Cydaddoli 3 44

Priodi 46

Bod yn briod 48

Dathlu'r Nadolig 50

Dathlu'r Pasg 52

Helpu eraill 54

Gweithio i eraill 56

Pan fyddwn ni'n marw 58

Ar ôl i ni farw 60

Mynegai 62

Cyflwyniad

Byddwch yn cwrdd â nifer o bobl ifanc yn y llyfr hwn. Y peth sy'n gyffredin i bob un yw eu bod yn perthyn i'r grefydd Gristnogol.

Dydy pob Cristion ddim yn dilyn eu crefydd yn yr un ffordd. Yn aml mae Cristnogion sy'n credu pethau tebyg ac yn addoli'n debyg, yn ffurfio eu grwpiau eu hunain o fewn Cristnogaeth. Yr enw am grŵp felly yw enwad. Mae llawer o enwadau Cristnogol. Er mwyn rhoi syniad i chi o'r amrywiaeth sydd o fewn Cristnogaeth, dyma'r bobl ifanc sy'n ymddangos yn y llyfr, a'u henwadau.

IORI Rwy'n perthyn i'r Eglwys yng Nghymru. Tan 1920, roedd hi'n rhan o Eglwys Loegr. Mae'r ddwy Eglwys yn dal yn debyg iawn.

REBECCA Rwy'n perthyn i'r Eglwys Babyddol, neu'r Eglwys Gatholig Rufeinig. Y Pab, sy'n byw yn Rhufain, yw ein harweinydd.

PHILIPPA Rwy'n aelod o Eglwys y Bedyddwyr. Rydyn ni'n bedyddio pobl pan maen nhw'n ddigon hen i benderfynu drostynt eu hunain a ydyn nhw am fod yn Gristion.

SIONED I'r Eglwys Bresbyteraidd rwy'n perthyn. Ystyr presbyter ydy "blaenor". Mae ein heglwys ni yn cael ei rheoli gan flaenoriaid a gafodd eu dewis yn arweinwyr gan bobl eraill yn yr eglwys.

DAVINIA Yr Eglwys Bentecostaidd ydy fy eglwys i. Mae'r enw yn dod o ŵyl y Pentecost achos ein bod ni'n credu mewn gadael i Ysbryd Duw ddod i mewn i'n bywydau. Mae hynny'n ein gwneud ni'n falch o fod yn fyw.

RUTH Rwy'n aelod o Fyddin yr Iachawdwriaeth. Rydyn ni'n gwisgo lifrai fel milwyr ond dydyn ni ddim yn ymladd am dir nac i wneud niwed i bobl. Rydyn ni'n ymladd i wneud gwaith Duw.

Ein cymuned 1

Iori: *Yr eglwys ydy un o'r prif fannau i bobl gyfarfod yn yr ardal. Weithiau rydyn ni'n ymarfer er mwyn actio drama yn yr eglwys.*

IORI Fe symudon ni i Frechfa rai blynyddoedd yn ôl pan ddaeth fy nhad yn **ficer** yma. Yn yr ysgol rwy'n hoff iawn o wyddoniaeth ac rwy'n mwynhau darllen llyfrau ffuglen wyddonol. Rwy'n mynd i'r eglwys am fod hynny'n arferiad gen i, ond hefyd am fy mod i'n dewis mynd. Mae teimlad da o gymuned yn ein heglwys ni, teimlad o agosrwydd.

REBECCA Rwy'n mynd i'r ysgol ger Llanelli. Mae pedwar ohonon ni yn y teulu: fy mam Sandra, fy nhad Willi, fy chwaer Anna a minnau. Dim ond Cymraeg y mae fy ffrindiau yn ei siarad, felly rydyn ni'n siarad llawer o Gymraeg yn yr ysgol. Cafodd fy nhad ei fagu yn yr Almaen ac rydyn ni wedi bod yno ar wyliau lawer gwaith. Dydy'r bobl yno ddim yn wahanol, dim ond yr iaith.

Dydw i ddim yn credu bod digon o bethau i bobl fy oed i eu gwneud, heblaw mynd i bethau fel clybiau ieuenctid. Rwy'n cwrdd â fy ffrindiau Pabyddol bob dydd Sul yn yr eglwys adeg yr **Offeren**. Ond dydw i ddim yn gweld llawer arnyn nhw tan y Sul wedyn, achos rydyn ni ar wasgar braidd. Yn y rhan o'r Almaen lle cafodd Dad ei fagu, mae pawb yn Babyddion.

Rebecca: *Mae'n bwysig i mi ein bod ni'n rhan o'r teulu Pabyddol.*

MEDDYLIWCH:

Beth yw cymuned? Tybed beth mae Iori yn ei feddwl wrth sôn am "deimlad da o gymuned"?

Ai'r un ffrindiau sydd gennych chi yn yr ysgol a'r tu allan i'r ysgol? Beth yw problemau a manteision cael gwahanol grwpiau o ffrindiau?

Mae gwahanol gymunedau ym Mhrydain yn siarad gwahanol ieithoedd. Pam mae pobl yn awyddus i ddal ati i siarad yr iaith sy'n arbennig i'w cymuned nhw?

Philippa: Fe redais i ras 8,000 metr a dod yn gydradd gyntaf.

Philippa: *Mae fy nheulu yn deulu Cristnogol.*

FFEIL FFEITHIAU

Ficer Rhywun a gafodd ei hyfforddi i ofalu am bobl y plwyf, ac i arwain eu haddoliad. "Plwyf" yw'r ardal y mae eglwys yn ei gwasanaethu.

Offeren Gwasanaeth arbennig lle mae pobl yn cymryd bara a gwin i gofio am Iesu Grist.

PHILIPPA

Mae gen i deulu eithaf mawr. Mae wyth ohonon ni. Mae gen i bedair chwaer ac un brawd. Rwy'n hoffi pêl-rwyd a rhedeg traws gwlad. Rwy'n byw ym Mheniel nawr. Fe symudon ni yma o Loegr bum mlynedd yn ôl.

PETHAU I'W GWNEUD

Tynnwch dri chylch gwahanol liw fel hyn:

Yn y cylch gwyrdd ysgrifennwch enwau ffrindiau.
Yn y cylch coch ysgrifennwch enwau'r teulu.
Yn y cylch glas ysgrifennwch enwau pobl rydych yn eu hadnabod yn yr ysgol.

Lle mae'r grwpiau yn gorgyffwrdd, er enghraifft os oes gennych ffrind sydd hefyd yn yr ysgol, ysgrifennwch eu henwau lle mae'r cylchoedd yn gorgyffwrdd. Allwch chi roi unrhyw un yn y canol lle mae'r tri grŵp yn gorgyffwrdd?

Gwnewch boster i'ch cymuned leol i hysbysebu'r gwahanol bethau sydd ar gael i bobl eu gwneud. Ceisiwch gynnwys pethau ar gyfer gwahanol oedrannau ac ar gyfer grwpiau crefyddol.

Mae Philippa yn byw gyda'i mam, ei thad a'i phedair chwaer a'i brawd. Beth yw manteision ac anfanteision bod yn rhan o deulu mawr? A fyddai'n well gennych chi fyw mewn teulu mawr ynteu teulu bach? Ysgrifennwch baragraff i ddweud eich barn.

Sioned: *Rwy'n hoffi mynd i'r Ysgol Sul bob wythnos. Rydyn ni'n cwrdd â phlant eraill ac yn mynd at yr oedolion ar gyfer rhan o'r gwasanaeth yn y capel.*

Ein cymuned 2

SIONED Rwy'n byw yn Llanfairpwll gyda Mam a Dad a Gethin, fy mrawd. Gan ein pentref ni mae'r enw hiraf ar unrhyw le ym Mhrydain, ond Llanfairpwll mae pawb yn ei alw. Addysg gorfforol rydw i'n ei mwynhau orau yn yr ysgol ac rwy'n aelod o'r tîm pêl-rwyd. Rydw i'n mynd i'r Ysgol Sul ers pan oeddwn i'n ddim o beth.

DAVINIA Rwy'n byw yng Nghaerllion, ger Casnewydd, ond o Jamaica y mae fy nheulu'n dod. Mae gennyn ni berthnasau yn America, a sawl rhan o Loegr. Rydyn ni'n cadw mewn cysylltiad agos â'r rhan fwyaf ohonyn nhw.

Rwy'n hoff iawn o'r ysgol ac mae gen i lawer o ffrindiau yno. Yn yr eglwys mae gen i griw gwahanol o ffrindiau. Maen nhw'n dod o'r ardal o gwmpas Casnewydd i fynd i'n heglwys ni. Rwy'n hoffi mynd i'r eglwys. Mae pawb yn gofalu am ei gilydd, fel un teulu mawr. Pan fydd rhywun yn sâl, mae pawb yn holi amdanyn nhw a mynd draw i'w gweld.

Davinia: *Rwy'n hoffi miwsig ac yn yr eglwys rwy'n canu yn y côr. Mae'n hwyl cwrdd â phobl yn yr eglwys.*

MEDDYLIWCH:

Dydy'r rhan fwyaf o ffrindiau Sioned ddim yn mynd i'r Ysgol Sul. Ydy eich ffrindiau chi yn rhannu'r un diddordebau â chi ynteu a ydych chi'n gwneud pethau gwahanol?

Pam mae Davinia yn mynd i'r eglwys? Ydy ei rhesymau hi yn wahanol i resymau Iori?

Sut mae ffrindiau Ruth yn gwybod ei bod hi'n Gristion?

Pam ydych chi'n meddwl bod Cristnogion yn dod at ei gilydd ar ddydd Sul?

RUTH Rwy'n byw mewn lle o'r enw Cwm, ger Glynebwy. Rwy'n mynd i'r ysgol Gymraeg ym Mhont-y-pŵl. Mae gen i un brawd, Richard, sy'n mynd i'r un ysgol. Mae Mam yn gweithio yn siop y pobydd i lawr y ffordd. Athro ydy Dad. Rydyn ni i gyd yn perthyn i **Gorfflu** Byddin yr Iachawdwriaeth yng Nghwm. Rydyn ni'n cynnal ein cyfarfodydd yn y neuadd – rownd y gornel o'n tŷ ni.

Dim ond ar ddydd Sul y bydda i'n gwisgo fy lifrai, neu wisg arbennig y Fyddin. Ond mae fy ffrindiau ysgol yn gwybod fy mod i'n Gristion ac yn perthyn i Fyddin yr Iachawdwriaeth, achos maen nhw'n gofyn beth rwy'n ei wneud ar y Sul. Mae ganddyn nhw ddiddordeb, efallai achos bod dim un ohonyn nhw'n mynd i eglwys o unrhyw fath.

Ffeil ffeithiau

Corfflu Y bobl sy'n addoli a gweithio gyda'i gilydd ymhob cymuned o Fyddin yr Iachawdwriaeth. Mae'n cael ei alw'n Gorfflu achos bod yr aelodau wedi'u trefnu fel milwyr, ond i wasanaethu Duw.

***Ruth:** Mae pawb yn yr ardal yn gyfeillgar iawn. Lle bach ydy Cwm.*

Pethau i'w gwneud

Yng nghymuned eglwysig Davinia mae'r bobl yn helpu ei gilydd mewn sawl ffordd. Dychmygwch eich bod yn perthyn i grŵp o bobl ifanc sydd eisiau helpu yn eu cymuned leol. Dyluniwch hysbyseb sy'n dweud wrth bobl am y ffyrdd y gallech chi helpu pobl yn rhad ac am ddim.

Mae Ruth yn hoffi'r ardal lle mae hi'n byw. Ysgrifennwch lythyr at ffrind sydd erioed wedi bod yn eich ardal chi gan ddweud beth rydych chi'n ei hoffi a ddim yn ei hoffi ynglŷn â byw yno.

Mae ffrindiau Ruth yn gofyn iddi, "Beth wyt ti'n ei wneud ar ddydd Sul?" Ysgrifennwch ddyddiadur ar gyfer un dydd Sul, yn egluro sut rydych chi'n treulio'r diwrnod.

Cychwyn fy nghrefydd: Iesu Grist

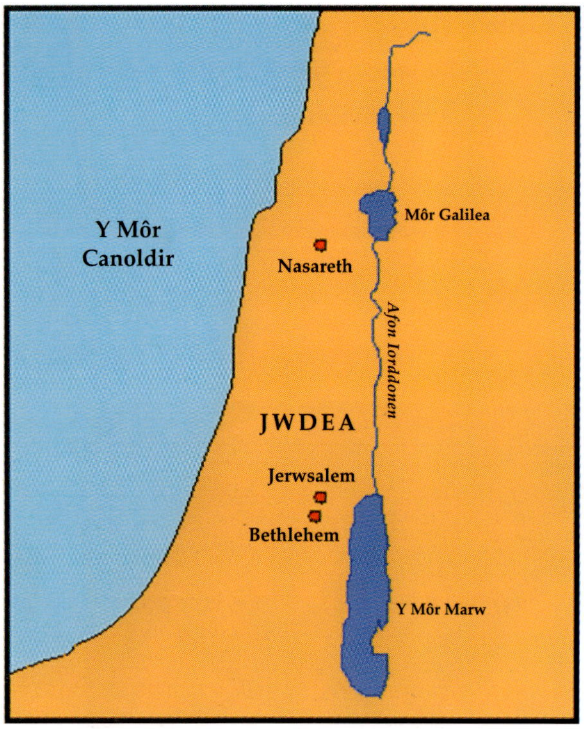

Palestina yng nghyfnod Iesu Grist

IORI Iddew oedd Iesu. Yng nghrefydd yr Iddewon, mae pobl wedi credu erioed y bydd Duw yn anfon rhywun rhyfeddol, y **Meseia**, i achub y byd rhag popeth sy'n ddrwg. Roedd y **proffwydi** yn y **Beibl** yn siarad am y Meseia a sut y byddai'n dod â heddwch i'r byd. Mae rhai o'r pethau ddywedon nhw am y Meseia yn debyg i rai o'r storïau am enedigaeth Iesu. Er enghraifft, fe ddywedon nhw y byddai'r Meseia yn perthyn i'r Brenin Dafydd ac yn cael ei eni ym Methlehem.

Mae Cristnogion yn credu mai Iesu oedd y Meseia. Iddewon oedd y rhan fwyaf o'r Cristnogion cyntaf. Roedden nhw'n credu bod y Meseia wedi cyrraedd o'r diwedd. Oherwydd eu bod nhw'n dilyn y Meseia, neu'r **Crist**, fe gawson nhw'r enw "Cristnogion".

***Iori:** Cafodd Iesu ei groeshoelio gan y Rhufeiniaid, fel miloedd o bobl eraill.*

MEDDYLIWCH:

Mae Cristnogion yn credu bod Iesu Grist wedi gwneud pethau rhyfeddol. Petai rhywun â phwerau rhyfeddol yn byw heddiw, beth fyddech chi eisiau iddo ei wneud gyda'r pwerau hynny?

Beth oedd yr Iddewon yn ei gredu am y Meseia? Pam roedd rhai pobl a oedd yn adnabod Iesu yn credu mai ef oedd y Meseia?

Ydy hi'n bwysig sut roedd Iesu'n edrych?

REBECCA

Dechreuodd Cristnogaeth gyda Iesu Grist tua 2,000 o flynyddoedd yn ôl. Y peth pwysicaf i ni ydy dilyn gair Iesu – y pethau a ddywedodd yn y Beibl. Mae rhai pobl yn credu mai dyn mwyn a thyner oedd Iesu ond roedd yn rhaid iddo fod yn gryf iawn. Roedd yn sefyll yn erbyn unrhyw un drwg, fel y tro yr aeth i'r Deml yn Jerwsalem a dymchwel stondinau'r farchnad.

Roedd Iesu yn siarad yn erbyn arweinwyr y cyfnod a dyna pam roedden nhw am ei ladd. Cafodd ei anfon i sefyll ei brawf ac yna ei **groeshoelio**. Ond nid dyna ddiwedd y stori wrth gwrs. Dechreuodd Cristnogaeth o ddifri ar ôl i Iesu gael ei ladd oherwydd, fel Cristnogion, rydyn ni'n credu iddo ddod yn ôl i fywyd.

FFEIL FFEITHIAU

Meseia Negesydd a anfonir gan Dduw; ystyr Meseia yw "yr un a gafodd ei ddewis".

Proffwyd Rhywun sy'n siarad ar ran Duw. Yn y Beibl, roedd proffwyd yn aml yn siarad yn erbyn y ffordd yr oedd pobl y cyfnod yn ymddwyn, gan eu rhybuddio y byddai Duw yn eu cosbi.

Beibl Llyfr sanctaidd y Cristnogion. Mae iddo ddwy ran, yr Hen Destament a'r Testament Newydd. Y Testament Newydd sy'n sôn am fywyd a neges Iesu Grist ac yn cofnodi hanes y Cristnogion cyntaf.

Crist Y gair Groeg am Meseia.

Croeshoelio Roedd person yn cael ei groeshoelio drwy gael ei glymu neu ei hoelio ar groes bren a'i adael i farw. Ddwy fil o flynyddoedd yn ôl roedd y Rhufeiniaid yn arfer cosbi pobl fel hyn.

Rebecca: *Yn y Beibl mae nifer o storïau am bobl yn gweld Iesu ar ôl iddo godi o'r bedd.*

PETHAU I'W GWNEUD

Sut fath o berson oedd Iesu? Tynnwch lun siâp dynol. Tu mewn i'r siâp ysgrifennwch eiriau a allai ddisgrifio Iesu, o'r hyn a wyddoch amdano.

Copïwch y map o Balestina. Ysgrifennwch frawddeg am bob un o'r lleoedd canlynol i ddweud pa bethau pwysig ym mywyd Iesu a ddigwyddodd yno: Bethlehem, Nasareth, Jerwsalem, Afon Iorddonen. (Cliw: edrychwch yn y Mynegai.)

Roedd Iesu yn barod i farw dros yr hyn roedd yn ei gredu. A oes unrhyw beth sy'n werth marw drosto? Ysgrifennwch eich barn am y cwestiwn hwn.

Cychwyn fy nghrefydd: Cristnogaeth yn tyfu

Rebecca: *O flaen Eglwys Sant Pedr yn Rhufain, mae sgwâr anferth lle mae Pabyddion yn dod i wrando ar y Pab.*

DAVINIA Treuliodd Iesu Grist y rhan fwyaf o'i fywyd yn Nasareth. Wnaeth e ddim dechrau **pregethu** tan ddwy neu dair blynedd olaf ei fywyd. Bryd hynny fe ddenodd lawer o ddilynwyr. Petai dim arall wedi digwydd ar ôl iddo gael ei groeshoelio a'i gladdu, yna byddai'r stori wedi gorffen. Ond nid felly y bu. Cododd Iesu yn fyw o'r bedd.

REBECCA Credodd dilynwyr Iesu ei fod wedi codi o'r bedd. Oni bai am hynny, fe fydden nhw wedi cofio amdano fel dyn da, a dim mwy. Ond rhoddodd Duw nerth i'w **ddisgyblion** fynd allan a lledaenu'r neges i'r holl fyd fod Iesu yn fyw. Dyna ystyr y gair "Catholig" – sef byd-eang, dros yr holl fyd. Aeth un o'r disgyblion, o'r enw Pedr, i Rufain a sefydlu eglwys yno. Dyna sut cafodd yr eglwys ei alw'n Eglwys Gatholig Rufeinig.

IORI Roedd y Cristnogion cyntaf yn ceisio byw bywydau syml. Roedden nhw'n rhannu eu heiddo ac yn addoli gyda'i gilydd. Roedden nhw'n arfer cwrdd yn nhai ei gilydd oherwydd nad oedd eglwysi ar y pryd. Mewn ambell le roedd pobl yn pigo arnyn nhw, a chafodd rhai eu lladd, hyd yn oed, am fod yn Gristnogion. Roedd dyn o'r enw Paul yn arfer **erlid** Cristnogion. Ond un diwrnod fe deimlodd fod Iesu wedi siarad ag ef. O hynny ymlaen fe ddaeth yn Gristion gan helpu i ledaenu Cristnogaeth. Ysgrifennodd rai o'r llyfrau sy yn y Beibl.

MEDDYLIWCH:

Pa ddigwyddiad a wnaeth i'r Cristnogion cyntaf ddechrau pregethu wrth bobl eraill?

Pam nad oedd gan y Cristnogion cyntaf adeiladau arbennig i gyfarfod ynddyn nhw?

Faint o wahanol eglwysi neu enwadau sy'n cael eu trafod yn y llyfr hwn? Ydych chi'n credu ei bod yn beth da bod llawer o wahanol eglwysi Cristnogol?

Iori: *Roedd yn rhaid i rai o'r Cristnogion cyntaf yn Rhufain gwrdd yn y dirgel, weithiau mewn twneli fel hyn dan y ddaear, lle'r oedd pobl farw yn cael eu claddu.*

***Iori:** Cafodd llawer o fynachlogydd Pabyddol eu dymchwel pan sefydlodd y Brenin Harri ei eglwys ei hun.*

Ffeil ffeithiau

Pregethu Siarad â phobl er mwyn lledaenu neges am Dduw.

Disgyblion Dysgwyr neu ddilynwyr; pobl sy'n credu mewn athro ac yn dysgu ganddo. Roedd gan Iesu ddeuddeg disgybl arbennig sy'n cael eu henwi yn y Beibl.

Erlid Pigo ar rywun neu ar grŵp o bobl. Roedd y Cristnogion cynnar yn cael eu herlid gan y Rhufeiniaid ac yn aml roeddynt yn cael eu poenydio neu eu lladd.

Roedd fy eglwys i, sef yr Eglwys yng Nghymru, ac Eglwys Loegr yn arfer bod yn un gymuned. Cyn hynny roedden ni i gyd yn rhan o'r Eglwys Babyddol. Y Brenin Harri'r Wythfed a sefydlodd Eglwys Loegr ar ôl anghytuno â'r Pab yn Rhufain. Rwy'n credu ei bod yn beth da bod llawer o wahanol fathau o eglwysi.

RUTH Ym 1865 dechreuodd dyn o'r enw William Booth bregethu am Dduw wrth y bobl dlawd yn nwyrain Llundain. Fe gafodd amser caled. Roedd pobl yn ymosod arno'n aml. Ond gwrandawodd rhai pobl ar ei neges. Gwelson nhw fod Booth yn gwneud mwy na siarad – roedd e'n eu helpu. Ym 1878 fe ddechreuodd ddefnyddio'r enw "Byddin yr Iachawdwriaeth". Pan fu farw'r Cadfridog Booth ym 1912, roedd y Fyddin yn gweithio mewn 58 o wledydd.

***Ruth:** Pregethai William Booth i gannoedd o bobl ar y tro.*

Pethau i'w gwneud

Edrychwch mewn copi o'r Beibl a rhifo faint o lythyrau Paul sydd yno. Tynnwch lun silff lyfrau gyda'r nifer gywir o lyfrau arni, un llyfr ar gyfer pob llythyr. Ar feingefn y llyfr ysgrifennwch enw'r bobl neu'r person a dderbyniodd y llythyr hwnnw. Neu gallech ddefnyddio amlenni go iawn, gan ysgrifennu enwau'r bobl arnyn nhw a'u harddangos.

Dyluniwch boster y gallai'r Cadfridog Booth a Byddin yr Iachawdwriaeth fod wedi'i ddefnyddio i ledaenu eu neges.

Ysgrifennwch stori am rywun, neu grŵp o bobl, sy'n cael eu herlid. Gallai'r stori fod am y Cristnogion cynnar, os dymunwch.

Dechrau byw: croesawu'r baban

MEDDYLIWCH:

Pam mae genedigaeth baban newydd yn achos dathlu i lawer o bobl?

Pa wahanol ffyrdd sydd yna o groesawu rhywun?

Beth yw rhieni bedydd? Sut gallan nhw helpu plant wrth iddyn nhw dyfu?

DAVINIA Rydyn ni'n croesawu baban newydd i deulu'r eglwys. Dydyn ni ddim yn rhoi dŵr ar ben y baban, ond rydyn ni'n gweddïo drosto a gofyn iddo gael ei fendithio, ac yn canu caneuon fel "Dowch, blant bychain". Mae'r baban yn cael ei enw llawn a thystysgrif.

Roedd fy chwaer ieuengaf, Michaela, yn dri mis oed pan aethon ni â hi i gael ei chroesawu. Daeth llawer o'n teulu i'r gwasanaeth, rhai o Lundain hyd yn oed. Roedd yr eglwys yn llawn o'n teulu ni, y rhieni bedydd a **chynulleidfa** fawr. Wedyn fe gawson ni barti mawr.

Yn gyntaf roedd y rhieni bedydd yn dal Michaela, wedyn roedd y **bugail** yn ei dal. Mae angen rhieni bedydd arni i ofalu amdani petai rhywbeth yn digwydd i Mam a Dad. Fy rhieni bedydd i ydy Lester, Tina a Colin. Rwy'n dal i gadw mewn cysylltiad â nhw ac weithiau rwy'n cael arian ganddyn nhw.

***Davinia:** Pan gefais fy nghroesawu i'r eglwys fe roeson nhw anrhegion i mi – Beibl a dysgl gyda llwy.*

***Davinia:** Ar ôl croesawu'r baban, mae'r gwasanaeth yn parhau fel arfer. Wedyn mae pawb yn tynnu lluniau.*

RUTH Pan fydd baban yn ychydig wythnosau oed fe fydd **cyflwyniad** yn ystod un o'n gwasanaethau. Mae'r **swyddog** yn bendithio'r plentyn a gofyn i Dduw ofalu amdano. Does gennyn ni ddim bedyddfaen na bedydd ond mae'r baban yn cael ei enw llawn mewn gweddi gyflwyno. Mae'r fam a'r tad yn cymryd rhan, a'r rhieni bedydd. Maen nhw i gyd yn dod ymlaen i sefyll ar y llwyfan ac mae baner y Fyddin yn cael ei chodi yn y cefn. Rydyn ni'n gweddïo y bydd y baban yn byw bywyd da fel Cristion.

FFEIL FFEITHIAU

Cynulleidfa Y bobl sy'n mynychu'r eglwys.

Bugail Yr enw a roddir i'r arweinydd mewn rhai eglwysi.

Cyflwyniad Rhoi rhywun i ofal Duw.

Swyddog Arweinydd Corfflu Byddin yr Iachawdwriaeth.

Davinia: *Pan fydd baban newydd yn ymuno â'r eglwys, rydyn ni'n hoffi dathlu gyda bwyd arbennig.*

PETHAU I'W GWNEUD

Gwnewch gerdyn i groesawu baban newydd ei eni. Rhowch luniau dwy anrheg y byddai'r baban eisiau eu cadw pan fydd yn hŷn.

Sut fywyd fyddech chi am i faban sy'n cael ei eni heddiw ei gael? Ysgrifennwch weddi neu gerdd am y bywyd hwnnw.

Mae'n gyfrifoldeb mawr gofalu am faban. Beth ydych chi'n meddwl ydy'r pethau mwyaf pwysig i'w rhoi i blentyn? Ysgrifennwch baragraff yn egluro eich syniadau.

Dechrau byw: bedydd

Rebecca: *Mae'r gannwyll fedydd yn cael ei chynnau o gannwyll y Pasg i drosglwyddo'r bywyd newydd a roddodd Iesu Grist i ni. Ar y gannwyll gallwch weld symbol sy'n cynrychioli'r dŵr.*

SIONED Mae baban yn cael ei fedyddio fel rhan o'n gwasanaeth Sul arferol. Mae'r **gweinidog** yn dal y baban a rhoi dŵr ar ei dalcen ar siâp croes. Mae'r dŵr mewn powlen fechan yn y tu blaen. Mae'r gweinidog yn dweud bod y baban bellach yn rhan o'r capel. Mae'r bedydd yn nodi cychwyn eich bywyd fel rhan o'r teulu Cristnogol. Pan gafodd fy nai ei fedyddio roedd y teulu i gyd yno.

REBECCA Yn ein heglwys ni mae'n rhaid i'r fam a'r tad a'r rhieni bedydd adrodd y **credo** ar lafar. Yna mae'r offeiriad yn gweddïo a gofyn am fywyd da i'r baban. Mae dŵr yn cael ei dywallt dros ben y baban ac mae'r offeiriad yn dweud:

Rwy'n dy fedyddio di yn enw'r Tad a'r Mab a'r Ysbryd Glân. Amen.

Mae'r syniad o ddŵr yn bwysig iawn. Mae'n dangos bod y baban yn cael cychwyn glân i'w fywyd. Mae'r dŵr mewn **bedyddfaen** wrth ymyl y drws. Mae'n braf gweld rhywun arall yn dod i mewn i'r teulu Pabyddol.

Mae cannwyll yn ein heglwys ni o'r enw cannwyll y Pasg. Mae cannwyll arall yn cael ei chynnau o hon a'i rhoi i un o'r rhieni bedydd. Mae'n ein hatgoffa ni o fywyd newydd Iesu Grist, ar ôl iddo farw ac wedyn codi'n fyw oddi wrth y meirw. Mae ffrind wedi gofyn i fy chwaer, Anna, fod yn fam fedydd i'w baban. Bydd rhaid iddi helpu'r plentyn i ddod i adnabod Duw a thyfu yn yr eglwys.

Y rhieni sy'n dewis enw'r baban. Mae fy enw i ac enw Anna yn dod o'r Beibl. Rwy'n hoffi'r ddau enw ac mae gwybod eu bod yn dod o'r Beibl yn well fyth.

MEDDYLIWCH:

Pam mae babanod yn cael eu bedyddio mewn rhai eglwysi Cristnogol?

Pam gallai'r bedyddfaen fod wrth ymyl prif ddrws yr eglwys?

Mae Rebecca yn sôn am gynnau cannwyll adeg bedyddio baban. Mae fflam cannwyll yn symud bron fel petai'n fyw. Am beth rydych chi'n meddwl wrth edrych ar fflam cannwyll? Pam gallai pobl mewn bedydd fod yn hoffi edrych ar olau cannwyll?

FFEIL FFEITHIAU

Gweinidog Yr enw am yr arweinydd mewn llawer o eglwysi.

Credo Cyffes ffydd, neu ddatganiad yn dweud beth mae rhywun yn ei gredu am Dduw.

Bedyddfaen Basn carreg a ddefnyddir ar gyfer bedyddio.

Rebecca: *Mae bedydd yn achlysur teuluol hapus.*

Sioned: *Mae rhai pobl yn anfon cardiau os na allan nhw fynd i'r bedydd.*

PETHAU I'W GWNEUD

Dyluniwch gerdyn i ddathlu bedydd plentyn. Cofiwch gynnwys y gannwyll a'r dŵr. Defnyddiwch eiriau addas fel rhan o'ch cerdyn.

Ysgrifennwch hysbyseb i'w rhoi yn y papur lleol i gyhoeddi genedigaeth baban newydd. Ysgrifennwch yr hysbyseb fel petaech chi'n Gristion ac eisiau dweud pa mor falch ydych chi o dderbyn y rhodd arbennig hon gan Dduw.

A oes gan unrhyw blant yn eich dosbarth neu yn eich ysgol enwau o'r Beibl? Gwnewch restr o'r enwau rydych chi'n credu sy'n enwau Beiblaidd. Defnyddiwch lyfrgell eich ysgol i ymchwilio i dri o'r enwau ac ysgrifennwch ddarn byr am bob un.

Dilyn y llwybr

***Ruth:** Rhan fechan iawn o'r Beibl ydy'r pedair Efengyl ond maen nhw'n bwysig iawn.*

RUTH Dechreuodd Cristnogaeth gyda Iesu Grist. Mae dilyn gair Iesu yn bwysig iawn i ni. Mae'r pethau a ddywedodd wedi'u hysgrifennu yn y Beibl. Mae llawer o lyfrau yn y Beibl ond dim ond pedwar sy'n sôn yn unig am fywyd Iesu. Fe gawson nhw eu hysgrifennu gan bedwar o bobl, sef Mathew, Marc, Luc a Ioan. Y pedair **Efengyl** yw'r llyfrau hyn. Rydyn ni hefyd yn ceisio cadw at y **Deg Gorchymyn** a gafodd eu hysgrifennu dros fil o flynyddoedd cyn amser Iesu.

Rwy'n darllen y Beibl weithiau. Dydy Mam neu Dad ddim yn dweud bod rhaid i mi, ond rwy'n ei ddarllen beth bynnag. Rwy'n darllen y Beibl os bydda i'n teimlo'n benisel neu'n drist, ac mae'n helpu. Does gen i ddim hoff ddarnau o'r Beibl mewn gwirionedd.

***Philippa:** Weithiau rydyn ni'n darllen y Beibl gyda'n gilydd fel teulu.*

PHILIPPA Mae'r Beibl yn bwysig iawn yn ein tŷ ni. Mae copi ym mhob ystafell: yn y gegin, y stydi, yr ystafell gyfrifiadur, yn yr ystafelloedd gwely, ar y stereo, ar y silffoedd, ym mhob man! Mae gan bawb ohonom Feibl personol.

SIONED Rwy'n darllen y Beibl yn yr Ysgol Sul. Ond mae'r Beibl yn anodd, felly mae gennyn ni lyfrau sydd wedi'u hysgrifennu ar gyfer plant, sy'n ei wneud yn haws i'w ddeall. Yn yr eglwys ei hun mae'r Beibl yn y lle pwysicaf – yn nhu blaen yr eglwys, yn y canol.

MEDDYLIWCH:

Pam mae'r Efengylau yn "newyddion da" i Gristnogion?

Yn y pedair Efengyl mae rhywfaint o wybodaeth sy'n union yr un fath yn y pedair, a rhywfaint sy'n wahanol. Sut gallai hynny fod?

Ym mha wahanol ffyrdd y mae Ruth, Philippa a Sioned yn defnyddio'r Beibl?

***Sioned:** Fel arfer bydd rhywun yn darllen stori i ni yn yr Ysgol Sul ond weithiau rwy'n darllen llyfr o'r llyfrgell yno.*

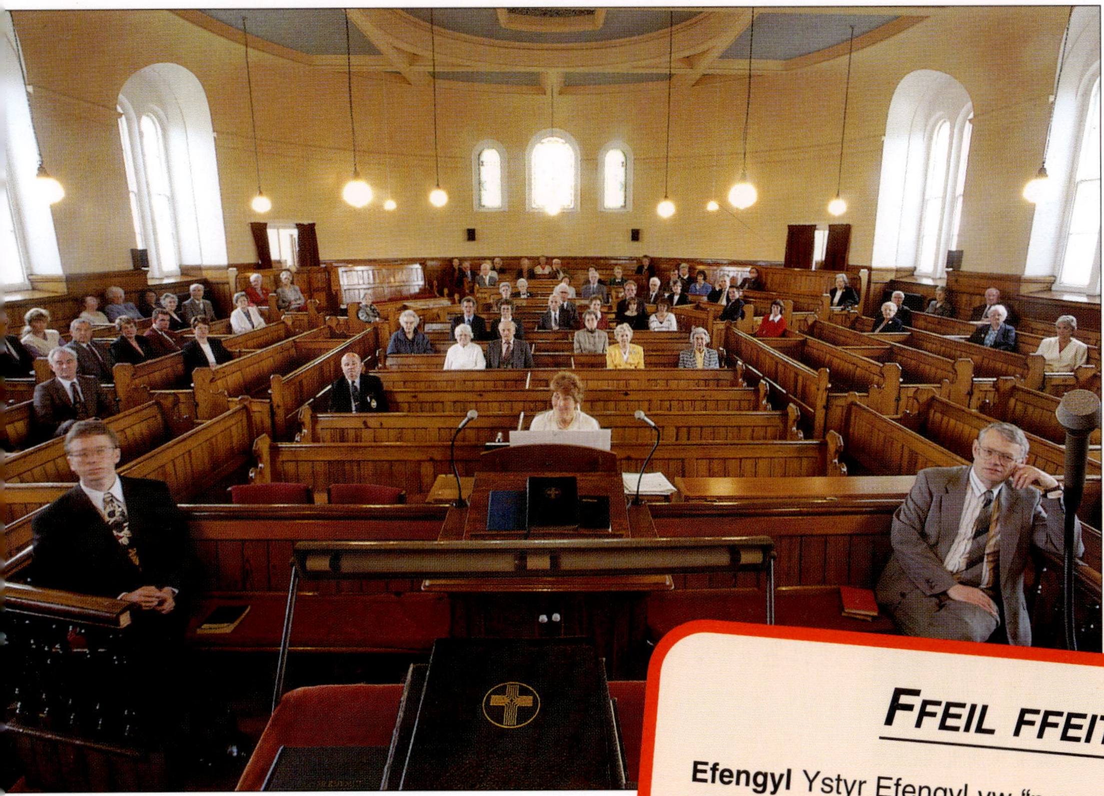

Sioned: *Mae pawb yn wynebu tua'r Beibl yn ein heglwys ni.*

Ffeil ffeithiau

Efengyl Ystyr Efengyl yw "newyddion da". Bu'r Cristnogion cyntaf yn pregethu ac yna'n ysgrifennu'r newyddion da am fywyd Iesu.

Y Deg Gorchymyn Deg deddf a roddwyd i Moses. Maen nhw'n dweud sut y dylai pobl ymddwyn tuag at Dduw a thuag at ei gilydd.

Darllenfa Lle arbennig i roi'r Beibl er mwyn ei ddarllen. Yn aml mae'r ddarllenfa ar siâp eryr yn sefyll ar glôb. Mae'r Beibl yn cael ei osod ar adenydd yr eryr i ddangos y dylid anfon neges Duw i bedwar ban byd.

Iori: *Mae gan y Beibl le pwysig iawn yn ein heglwys ni. Mae i'w weld yn y pen blaen ar y* ***ddarllenfa***.

Pethau i'w gwneud

Dyluniwch glawr ar gyfer un o'r pedair Efengyl. Ysgrifennwch enw'r Efengyl ar y clawr a'i addurno i ddangos ei bwysigrwydd. Gallech weithio mewn grŵp o bedwar i wneud un Efengyl bob un ar gyfer arddangosfa.

Yn aml iawn, mae'r ddarllenfa ar siâp eryr. Dyluniwch ddarllenfa gan ddefnyddio syniad gwahanol. Meddyliwch sut y mae'r ddarllenfa, yng ngolwg Cristnogion, yn cario rhywbeth pwysig iawn, sef gair Duw.

Chwiliwch am y Deg Gorchymyn yn y Beibl. Maen nhw yn Llyfr Exodus pennod 20 adnodau 2 i 17 (neu holwch a oes gan eich athrawon gopi o'r gorchmynion ar daflen ar wahân). Dewiswch y tri pwysicaf, yn eich barn chi. Ysgrifennwch nhw'n daclus iawn a nodi dan bob un beth sy'n digwydd os nad yw pobl yn cadw at y rheol hon.

Dilyn y llwybr: storïau yn y Beibl

Rebecca: *Rydyn ni'n cofio stori Iesu yn marchogaeth i Jerwsalem trwy ddal croesau bychain ar Sul y Blodau.*

REBECCA Rydw i wedi dysgu am Iesu oddi wrth fy nheulu, yr eglwys a'r Beibl – dyma'r tri pwysicaf. Enw'r Beibl sydd gen i ydy *Beibl y Plant* ac rwyf wedi'i ddarllen drosodd a throsodd. Rwy'n ei hoffi i gyd. Fy hoff stori ydy honno ar ddechrau hanes y Pasg pan oedd Iesu Grist yn mynd ar gefn asyn i **Jerwsalem**. Roedd pawb yn chwifio dail palmwydd a'u gosod ar y ffordd o'i flaen. Mae'n rhaid bod hynny'n gyffrous iawn – rhoi croeso felly i rywun roeddech chi'n credu ei fod yn arbennig iawn.

PHILIPPA Yn y Beibl rwy'n hoffi darllen am y **gwyrthiau** a wnaeth Iesu. Mae'n dweud yn Efengyl Ioan ei fod wedi troi dŵr yn win. Ac fe fwydodd 5,000 o bobl â dim ond pum torth a dau bysgodyn. Gwnaeth Iesu y gwyrthiau i ddangos ei fod yn poeni am bobl eraill. Ond mae'r gwyrthiau hefyd yn dangos ei fod yn Fab Duw.

MEDDYLIWCH:

Pam mae'n bwysig i Gristnogion wybod hanes bywyd Iesu?

A oes lyfr rydych chi wedi'i ddarllen lawer o weithiau? Pam mae'r llyfr mor arbennig i chi?

Pa gwestiynau fyddech chi am eu holi am hanes porthi'r pum mil? A oes atebion syml i'r cwestiynau?

Philippa: *Rwy'n hoffi stori'r wyrth pan aeth ffrindiau'r dyn wedi'i barlysu ag ef at Iesu i gael ei iacháu.*

IORI Cefais fy magu yn Gristion ac rwy'n credu bod y Beibl yn wir hyd at ryw bwynt. Mae'n rhaid bod rhai pethau wedi digwydd. Rwy'n siwr bod Iesu Grist wedi byw, a phregethu a helpu pobl. Dydw i ddim mor siwr am gredu'r holl wyrthiau. Ond dydy hynny ddim yn effeithio ar fy ffydd yn Nuw.

FFEIL FFEITHIAU

Jerwsalem Prifddinas y wlad lle'r oedd Iesu'n byw. Cafodd ei groeshoelio ychydig y tu allan i Jerwsalem.

Gwyrth Digwyddiad rhyfeddol neu rywbeth sy'n anodd i wyddoniaeth ei egluro.

Pysgota heddiw ym Môr Galilea. Gelwir y pysgod yn bysgod Pedr.

PETHAU I'W GWNEUD

Darllenwch stori porthi'r pum mil eto. Adroddwch y stori yn eich geiriau eich hun fel petaech chi yn y dorf. Dywedwch beth ydych chi'n meddwl a ddigwyddodd, beth oeddech chi'n ei deimlo ar y pryd, a beth oeddech chi'n ei feddwl o Iesu.

Yn y Beibl mae llawer o storïau sy'n helpu Cristnogion wrth iddyn nhw fyw eu bywydau. Adroddwch chithau stori sydd â neges bwysig i bobl ei dilyn, yn eich barn chi.

Mae rhai pobl yn credu bod gwyrthiau yn dal i ddigwydd heddiw. Weithiau mae pethau cyffredin fel genedigaeth baban newydd yn gallu ymddangos fel gwyrth. Chwiliwch mewn papurau newydd a chylchgronau am bethau rhyfeddol a ddigwyddodd. Torrwch y llun neu'r stori, ei bastio ar bapur ac ysgrifennu ychydig frawddegau wrth ei ymyl yn esbonio pam rydych wedi'i ddewis.

Credoau

Rebecca: *Mae'r Ysbryd Glân rywbeth yn debyg i'r gwynt – allwch chi ddim ei weld ond fe allwch chi weld beth mae'n ei wneud.*

IORI Mae cred yn beth personol iawn. Allwch chi ddim dweud wrth rywun beth i'w gredu. Yn y bôn, mae'n dibynnu ar eich ffydd chi eich hun. Mae rhai pethau am Gristnogaeth nad ydw i'n eu credu ond rwy'n credu bod yna fywyd ar ôl marwolaeth a bod Iesu wedi codi oddi wrth y meirwon, rywsut. Digwyddodd y cyfan mor bell yn ôl fel na allwch chi brofi'r peth erbyn hyn. Dydw i ddim bob amser yn gwybod pam yn union rwy'n credu pethau.

PHILIPPA Bu farw Iesu Grist ar y groes i gymryd i ffwrdd ein pechodau. Mae fel petasech chi wedi gwneud rhywbeth drwg, ond yn cael eich maddau. Mae'n gymaint o ryddhad! Gall unrhyw un gael ei achub. Rhaid i chi ddilyn Iesu a chredu iddo farw ac yna codi oddi wrth y meirwon.

REBECCA Rydyn ni'n credu yn yr Ysbryd Glân hefyd. Mae'n anodd ei ddisgrifio. Mae fel pŵer Duw yn gwneud daioni ar y ddaear. Rwy'n nabod merch o'r enw Helen sydd mewn cadair olwyn. Unwaith mewn cyfarfod gweddi dywedodd rhywun, "Mae Crist yn cerdded yn ein plith." Yn sydyn dyma pawb yn dweud, "Edrychwch ar Helen!" Roedd ganddi hi wên fendigedig. Roedd pawb dan deimlad o'i gweld hi yn ei chadair olwyn. Ar adegau felly rydych chi'n deall beth mae'r Ysbryd Glân yn ei wneud.

MEDDYLIWCH:

Beth yw'r gwahaniaeth rhwng ffaith a chred?

Beth ydych chi'n credu ynddo? O ble mae eich credoau yn dod?

Mae Cristnogion yn sôn am Iesu fel rhywun sy'n arbennig iawn. Beth mae Cristnogion yn ei gredu am Iesu?

Iori: *Rwy'n credu bod Iesu Grist wedi dangos y gellir cael bywyd ar ôl marwolaeth, fel yr adeg y daeth â'r ferch fach yn ôl i fyw.*

Philippa: *Mae 'na rai pethau na allwch chi mo'u hesbonio. Ond rydych chi'n teimlo'n dda ynglŷn â nhw, neu'n gwybod eu bod yn wir.*

PETHAU I'W GWNEUD

Chwiliwch am ystyr y gair "ffydd". Ysgrifennwch dair brawddeg gan ddefnyddio "ffydd", i ddangos eich bod yn deall ei ystyr.

Mae Cristnogion yn credu bod yr Ysbryd Glân yn bŵer grymus sy'n gwneud daioni yn y byd. Gwnewch boster gan ddefnyddio cyfuniad o eiriau, lluniau a lliw i awgrymu'r pwerau anweledig hynny sy'n dod â daioni i'r byd. (Dyma rai syniadau i chi: cynhesrwydd, cariad, dewrder.)

Pa fath o bethau rydych chi'n eu credu a dim yn eu credu? Allwch chi roi rheswm bob tro dros yr hyn rydych yn ei gredu? Gwnewch ddwy restr, yna trafodwch eich rhestrau gyda ffrind:

Pethau rwy'n eu credu	Pethau nad ydw i'n eu credu

Ein credoau am Dduw

Philippa: Mae Duw wedi gwneud byd hardd, petaen ni ond yn gofalu amdano.

IORI Rwy'n credu yn Nuw, yn rhannol achos mai dyna'r ffordd y cefais fy magu, ac yn rhannol achos bod gen i deimlad bod mwy i fywyd nag y gall gwyddoniaeth ei esbonio.

PHILIPPA Rwy'n credu y bydda i'n gweld Duw yn y nefoedd. Rydyn ni'n trafod yn yr ysgol am sut mae Duw yn edrych. Wn i ddim ydy hi'n bwysig sut mae Duw yn edrych, os yw'n edrych fel unrhyw beth. Ond rydw i yn credu mai Duw wnaeth y byd. Mae'n syfrdanol bod Duw wedi gwneud y byd, a ninnau'n gwneud llanast o'r cyfan.

DAVINIA Rwy'n credu bod Duw yno a'i fod yn ein caru. Pan oeddwn i'n iau, roeddwn i'n arfer meddwl mai dyn uwchben y cymylau oedd Duw, gyda barf wen a gwallt gwyn hir. Roeddwn i'n meddwl amdano gyda bwrdd gêmau bach o'i flaen. Roedden ni fel pobl ar y bwrdd gêmau. Byddai Duw yn ein symud ni o le i le a rhoi'r syniadau yn ein pennau.

Erbyn hyn rwy'n credu bod Duw yn anweledig. Rwy'n dal i gredu ei fod yn gwybod beth rydyn ni'n mynd i'w wneud cyn i ni ei wneud. Rwy'n credu bod Duw wedi cynllunio popeth ymlaen llaw. Dydy hynny ddim yn golygu bod Duw yn cynllunio i bobl fod yn ddrwg, rydyn ni'n gallu dewis weithiau.

MEDDYLIWCH:

A ddaw amser pan fyddwn ni'n gwybod popeth sydd i'w wybod? A fydd gwyddoniaeth yn ateb ein holl gwestiynau?

Mae syniadau Davinia am Dduw wedi newid wrth iddi dyfu'n hŷn. Ydy eich syniadau chi am Dduw wedi newid? Sut?

A yw'n bwysig os yw pobl yn meddwl am Dduw fel gwryw neu fenyw?

Davinia: Mae fy syniadau am Dduw wedi newid, fel syniadau llawer o blant.

Ruth: Allwch chi ddim gweld Duw. Ond mae Duw o'n cwmpas ni ym mhobman.

RUTH Duw – rwy'n credu ei fod yno. Mae e'n bod. Rwy'n credu mai Duw greodd y byd ac mai Iesu Grist yw ei fab. Wn i ddim pam ydw i'n meddwl am Dduw fel "fe". Mae pobl wedi dweud wrtha i erioed mai gwryw ydy Duw felly rydw i wedi arfer galw Duw yn "fe". Allwn i ddim disgrifio Duw. Dydy Duw ddim yn **gorfforol**. Mae Duw yn eich gwneud yn **ysbrydol**.

Ffeil Ffeithiau

Corfforol Wedi'i wneud o bethau y gallwch eu gweld a'u cyffwrdd.

Ysbrydol Yn ymwneud â theimlo a chredu, a phethau sy ddim yn gorfforol. Mae pobl grefyddol yn credu mai rhodd bywyd gan Dduw yw ysbryd person, a bod hynny'n ein gwneud ni'n fwy na dim ond cnawd ac esgyrn.

Pethau i'w gwneud

Mae llawer o Gristnogion yn credu na allwch chi dynnu llun Duw fel y gallwch dynnu llun person. Ond fe allwch chi ddweud sut un ydy Duw. Ar ddarn o bapur gwag, ysgrifennwch wahanol eiriau sy'n helpu i ddweud sut un ydy Duw yn eich barn chi. Gall y rhain fod yn syniadau personol sydd gennych chi am Dduw neu'n syniadau Cristnogol.

Mae Philippa yn credu mai Duw a wnaeth y byd ond bod pobl yn gwneud llanast ohono. Ydych chi'n cytuno â hi? Ysgrifennwch eich ateb gan roi rhesymau dros eich barn.

Gwnewch restr o gwestiynau i'w gofyn i ffrindiau am eu credoau am Dduw. Gofynnwch gwestiynau y gellir eu hateb gan mwyaf gydag "Ie" neu "Na" neu "Ddim yn siwr". Fel gwaith cartref, gallech holi ffrindiau a theulu y tu allan i'r ysgol hefyd. Ysgrifennwch beth rydych chi wedi'i ddarganfod. Os oes modd, defnyddiwch gyfrifiadur i roi'r atebion ar ffurf graffiau.

Da a drwg

RUTH Rwy'n gwneud pethau drwg. Mae'n debyg bod pawb yn gwneud hynny. Rydw i wedi cael fy nysgu beth sy'n dda a drwg gan Mam a Dad, gan athrawon yn yr ysgol a gan athrawon Ysgol Sul. Pan ydw i wedi gwneud rhywbeth drwg, rwy'n gwybod hynny achos rwy'n gallu ei deimlo. Os ydw i'n gwneud rhywbeth drwg yna rwy'n ymddiheuro. Os ydw i'n cael fy **nhemtio** i wneud rhywbeth drwg, yna rwy'n ceisio cofio gwneud y peth iawn.

PHILIPPA Pechod ydy pan ydych chi'n gwneud pethau drwg. Pethau fel ymladd, rhegi, twyllo, neu ateb yn ôl wrth eich rhieni. Fe ddylech chi fod yn ufudd i'ch rhieni. Os ydyn nhw'n dweud wrtha i am ymolchi a finnau'n dweud "Na!" dydy Mam ddim yn hapus. Dydy hynny ddim yn iawn. Os ydw i'n gas wrth rywun yna fe fydda i'n dweud sori. Rwy'n dweud sori wrth Dduw yn gyntaf.

Ruth: *Fe allwn i weddïo petaswn i wedi gwneud rhywbeth drwg iawn. Byddwn i'n gofyn am faddeuant, ac yna rwy'n credu fy mod i'n cael maddeuant.*

Philippa: *Mae'r athrawes Ysgol Sul yn gosod esiampl dda i ni ac rydyn ni'n dysgu helpu ein gilydd.*

MEDDYLIWCH:

Sut ydych chi wedi dysgu'r gwahaniaeth rhwng da a drwg? Ar bwy rydych chi'n gwrando fwyaf pan fydd pobl yn dweud wrthych chi beth sy'n dda neu'n ddrwg?

Pa fath o bethau ydych chi'n cael eich temtio i'w gwneud, ond yn gwybod na ddylech chi eu gwneud? Sut ydych chi'n penderfynu eu gwneud nhw ai peidio?

Mae maddeuant yn rhan bwysig iawn o gredo'r Cristion. Ydy hi'n hawdd maddau? Dywedodd Iesu y dylai pobl faddau i'w gilydd bob tro y maen nhw'n gwneud rhywbeth drwg. Ydych chi'n cytuno?

***Sioned:** Rwy'n ceisio gwneud fel mae Mam yn dweud, ond dydyn ni ddim yn cytuno bob tro am faint o'r gloch y dylwn i fod gartref.*

FFEIL FFEITHIAU

Temtio Cael eich denu i wneud rhywbeth y gwyddoch chi sy'n ddrwg. Gallwch gael eich temtio gan eich meddyliau eich hun yn ogystal â gan rywun arall.

SIONED Mae rhai plant yn yr ysgol yn anghwrtais wrth yr athrawon. Dydw i ddim yn berffaith, mi wn i hynny, ond dydw i ddim yn gwneud pethau drwg yn fwriadol. Dydy hi ddim yn hawdd pan mae fy rhieni eisiau i mi wneud un peth a minnau eisiau gwneud rhywbeth arall.

DAVINIA Mae rheolau yn eich helpu i benderfynu beth sy'n dda neu'n ddrwg. Mae'r Deg Gorchymyn yn dweud na ddylech chi ddwyn. Dywedodd ein bugail, os nad ydych chi'n gwybod beth i'w wneud, yna dylech chi ofyn i'ch hunan, "Beth fyddai Iesu yn ei wneud?"

PETHAU I'W GWNEUD

Yn y bennod hon, mae Cristnogion yn sôn am wahanol bethau sy'n dda neu'n ddrwg. Dewiswch un ohonynt a gwnewch boster a fydd yn atgoffa plant am hyn.

Ysgrifennwch stori am rywun a gafodd ei demtio i wneud rhywbeth drwg. Gwnewch yn siwr fod yna ddechrau, canol a diwedd i'r stori. Ceisiwch ddangos beth mae'r person sy'n cael ei demtio yn ei feddwl.

Ysgrifennwch gyfres o reolau yn sôn am wneud pethau sy'n dda. Chewch chi DDIM defnyddio'r geiriau "Paid" neu "Peidiwch".

Unioni pethau gyda Duw

Ruth: *Os ewch chi i'r Sedd Trugaredd, fel arfer bydd rhywun yn dod atoch i weddïo neu ddarllen y Beibl gyda chi.*

RUTH Yn ystod ein gwasanaeth, os ydych chi eisiau, fe allwch chi fynd i'r Sedd Trugaredd ac fe ddaw rhywun atoch a gweddïo gyda chi. Y Sedd Trugaredd yw'r fainc hir yn nhu blaen y neuadd. Fel arfer, mae Beibl agored ar y sedd. Fe allwch chi fynd yno unrhyw bryd yn ystod y gwasanaeth. Ond dydy pobl ddim yn mynd yno'n aml iawn.

Ar Sul y Milwyr Iau mae'r cardiau **Adnewyddu Addewid** yn cael eu gosod ar y Sedd Trugaredd, ac rydych chi'n mynd yno i'w harwyddo. Mae Addewid y Fyddin yn fy atgoffa o'r pethau na ddylwn i eu gwneud, fel rhegi, yfed alcohol, smygu. Mae yno reolau eraill hefyd yn dweud beth dylen ni ei wneud, fel gweddïo, darllen y Beibl, helpu pobl eraill, a dilyn Iesu.

MEDDYLIWCH:

Beth ydy pwrpas y Sedd Trugaredd yn eglwys Ruth?

Pam mae pobl yn ei chael yn anodd cyffesu neu gyfaddef pan maen nhw wedi gwneud rhywbeth drwg? A ddylech chi gyfaddef bob tro ar ôl i chi wneud rhywbeth drwg?

Sut ydych chi'n credu mae Rebecca yn teimlo ar ôl bod i gyffesu?

THE SALVATION ARMY
United Kingdom
Territory

MY
PROMISE

Having asked God for forgiveness, I will be his loving and obedient child.

Because Jesus is my Saviour from sin, I will trust him to keep me good, and will try to help others to follow him.

I promise to pray, to read my Bible and, by his help, to lead a life that is clean in thought, word and deed.

Today I renew my promise.

Signed

Ruth Davies

30th of April 95 (date)

You are like light for the whole world...

Your light must shine before people, so that they will see the good things you do and praise your Father in heaven.

Matthew 5:14-16 (TEV)

Ruth: *Wrth arwyddo'r Addewid rwy'n gwneud addewid i mi fy hun ac addewid i Dduw.*

__Rebecca:__ Rwy'n gweddïo yn yr eglwys am faddeuant, ond rwy'n siwr bod Duw yn eich clywed lle bynnag yr ydych chi.

Ffeil Ffeithiau

Adnewyddu Addewid Bob blwyddyn mae Milwr Iau yn adnewyddu'r addewid trwy arwyddo tystysgrif sy'n gosod allan beth mae'n ei gredu a'i addewidion i Dduw.

Cyffesu Cyfaddef eich bod wedi gwneud rhywbeth drwg.

Rebecca

Rwy'n ceisio gwneud pethau'n iawn wrth weddïo cyn mynd i'r gwely. Fe fydda i'n gofyn i Iesu faddau i mi. Yna rwy'n dweud, "Rebecca, paid â gwneud yr un peth eto." Rwy'n gallu **cyffesu** yn yr eglwys hefyd. Bryd hynny mae'r offeiriad yn gwrando arna i yn sôn am y pethau drwg rydw i wedi'u gwneud. Weithiau rhaid i chi feddwl yn galed i gofio beth wnaethoch chi. Os ydw i wedi colli fy nhymer a gweiddi ar fy chwaer efallai y bydda i'n cyffesu hynny. Yna mae Iesu yn maddau i mi ac mae'r offeiriad yn dweud wrtha i am weddïo.

__Rebecca:__ Mewn rhai eglwysi Pabyddol, pan ewch i gyffesu, rydych chi'n penlinio o flaen llen. Mae'r offeiriad, yr ochr arall i'r llen, yn gwrando ar eich cyffes.

Pethau i'w gwneud

Chwiliwch am ystyr y gair "trugaredd". Ysgrifennwch stori am rywun yn dangos trugaredd.

Ysgrifennwch weddi neu gerdd yn sôn am ofyn am faddeuant.

Mae pawb yn gwneud rhywbeth drwg weithiau. Ysgrifennwch restr o bump o bethau drwg y mae llawer o bobl yn eu gwneud. Wrth ymyl pob un ysgrifennwch beth y gallen nhw ei wneud i'w hunioni neu'u cywiro.

Drwg	Unioni'r drwg
1.	

Bywyd yn y cartref

Ruth: *Mae bod gyda'n gilydd fel teulu yn bwysig iawn i ni.*

RUTH Fel arfer rydyn ni'n gweddïo wrth y bwrdd bwyd ond gallwch chi weddïo unrhyw adeg. Fyddwn i ddim yn dweud bod yna bethau arbennig y mae'n rhaid i ni eu gwneud bob un dydd er mwyn dilyn ein crefydd. Petai rhywun dieithr yn dod i'n tŷ ni, mae'n bosibl y byddai'n sylweddoli ein bod ni'n Gristnogion, ond oherwydd ein ffordd o ymddwyn y byddai hynny, yn hytrach na bod rhyw bethau arbennig i'w gweld yn y tŷ. Rydyn ni'n ceisio byw ein bywydau yn ôl yr hyn y mae'r Beibl yn ei ddweud.

IORI Yn fy ystafell wely i mae llwyth o bosteri pêl-droed, llyfrau a chylchgronau ond yng nghanol y cyfan mae **croes** ac **eicon**. Mae gen i ddau Feibl ond fel arfer maen nhw'n sefyll wrth ddau ben fy rhes enfawr o lyfrau gêmau antur i'w cadw rhag cwympo.

DAVINIA Gartref mae'n rhaid i mi gadw fy ystafell yn daclus a golchi'r llestri. Rwy'n casáu golchi'r llestri. Mae Mam eisiau i mi ddod yn syth adref o'r ysgol er mwyn iddi wybod lle'r ydw i. Mae ganddi reol hefyd am faint o'r gloch y mae'n rhaid i mi fynd i'r gwely yn ystod yr wythnos. Rwy'n gweddïo cyn mynd i'r gwely.

Mae'n rhaid i ni fod yn onest gyda'n teulu a'n cymdogion. Rhaid i chi drin pobl eraill fel y byddech chi'n hoffi iddyn nhw eich trin chi, fel y gwnaeth y **Samariad Trugarog.** Does dim rheolau yn ein crefydd ni am fwyd na dillad ond mae'r rhan fwyaf o'r menywod yn gwisgo hetiau i fynd i'n heglwys ni.

Ruth: *Mae baner y Gynghrair Gartref yn dangos y dylen ni geisio seilio ein bywydau gartref ar yr hyn y mae'r Beibl yn ei ddysgu.*

MEDDYLIWCH:

Pa reolau sydd yn eich tŷ chi? Beth ydy pwrpas y rheolau hynny?

Mae llawer o Gristnogion yn credu ei bod yn bwysig i deulu gael prydau bwyd gyda'i gilydd. Pam, tybed? Pa mor aml ydych chi'n cael prydau teuluol? Ydy'n well gennych chi fwyta gyda'ch gilydd neu ar eich pen eich hun?

Petai rhywun dieithr yn dod i'ch cartref, beth allen nhw ei wybod amdanoch chi a'ch teulu o'r hyn sydd i'w weld o amgylch y tŷ?

Iori: *Dydy cadw eicon neu groes yn fy ystafell wely ddim yn od o gwbl. Fel unrhyw ddelw arall, maen nhw'n dangos beth sy'n bwysig i mi.*

Ffeil ffeithiau

Croes Mae croes yn dangos sut y dioddefodd Iesu pan gafodd ei groeshoelio.

Eicon Darlun crefyddol sy'n helpu Cristion i weddïo. Mae llawer o eiconau yn dangos Mair yn dal y baban Iesu.

Samariad Trugarog Cymeriad yn un o'r storïau a adroddodd Iesu. Helpodd Iddew a oedd wedi cael niwed, er bod yr Iddewon a'r Samariaid yn elynion.

Pethau i'w gwneud

Chwiliwch trwy'r llyfr am luniau sy'n dangos Cristnogion gartref. Beth welwch chi sy'n dweud wrthych mai Cristnogion ydyn nhw? Tynnwch lun un o'r gwrthrychau neu weithgareddau, a'i labelu.

Tynnwch lun yn arddull eicon. Gallech ddefnyddio ffoil arian, papur, lliwiau, paent a defnyddiau eraill.

Mae Cristnogion yn ceisio seilio eu bywydau ar eu credoau. Beth ydych chi'n ei gredu sy'n effeithio ar eich bywyd bob dydd? Llenwch ddyddiadur diwrnod i ddangos sut mae eich credoau yn effeithio ar eich bywyd. Dyma un sy'n cychwyn fel petai Davinia yn ei gadw.

Dyddiadur	Cred
Dydd Llun	
7.00 Codi, ymolchi a gwisgo.	Rhaid cadw'n lân.
7.20 Dweud gras bwyd. Cael tost a diod.	Bydd brecwast da yn fy nghadw i fynd. Diolch i Dduw am fwyd.
8.30 Cychwyn i'r ysgol.	Mae'n gwrtais bod yn brydlon. Mae'r ysgol yn bwysig.

Bywyd y tu allan i'r cartref

***Philippa:** Mae gwisgo'r bathodyn yn ffordd o ddweud, "Rwy'n Gristion." Does dim cywilydd mewn gadael i bobl eraill wybod.*

MEDDYLIWCH:

Ydych chi'n meddwl am y pethau rydych chi'n eu gwneud a'u dweud cyn i chi eu gwneud a'u dweud?

Pam mae pobl yn gwisgo bathodynnau? Pa fathodynnau ydych chi'n eu gwisgo?

Beth ydych chi'n ei feddwl o bobl sy'n chwerthin am ben pobl eraill oherwydd eu credoau? Sut gallai Cristnogion deimlo pan fydd hynny'n digwydd?

PHILIPPA Unwaith yr wythnos mae'r holl Gristnogion yn yr ysgol yn cwrdd â'i gilydd amser cinio. Un o'r athrawon gwyddoniaeth sy'n trefnu'r cyfarfodydd. Mae pobl yn dod i siarad â ni ac rydyn ni'n astudio'r Beibl. Weithiau mae pobl yn yr ysgol yn chwerthin am eich pen oherwydd eich bod yn Gristion. Dydy rhai o'r disgyblion ddim yn poeni, ac maen nhw'n gwisgo bathodyn, fel **symbol y pysgodyn** neu groes, i ddangos eu bod yn Gristnogion.

REBECCA Mae bod yn Gristion yn golygu bod yn rhaid i chi wneud dewisiadau anodd weithiau. Er enghraifft, mae llawer o bobl ifanc yn smygu. Dydyn nhw ddim fel petaen nhw'n poeni am bobl eraill nac am y niwed maen nhw'n ei wneud iddyn nhw eu hunain. Mae Duw wedi rhoi'r gallu i ni benderfynu pethau ein hunain. Petai rhywun yn cynnig sigarét i mi, fe fyddwn i'n dewis peidio â'i chymryd. Mae'n rhaid i chi lynu at yr hyn sy'n iawn yn eich barn chi, hyd yn oed os yw hynny'n golygu tynnu pobl i'ch pen.

***Rebecca:** Mae rhai menywod Cristnogol yn rhoi eu holl fywyd i Dduw trwy fynd yn lleianod. Maen nhw'n gwisgo dillad arbennig i ddangos y dewis y maen nhw wedi'i wneud. Yn y llun, allwch chi weld beth sy'n gwneud dillad y lleian yn arbennig?*

***Ruth:** Yn yr eglwys neu allan yn y dref gyda'r band, mae'r lifrai yn dweud pwy ydyn ni.*

RUTH Os ydych chi'n Filwr Iau ac yn y Cwmni Canu neu gyda Band y Bobl Ifanc, yna rhaid i chi wisgo'r lifrai ar ddydd Sul. Heblaw am hynny, os nad ydych chi eisiau gwisgo'r lifrai does dim rhaid i chi. Mae'r tei yn goch, melyn a glas. Ystyr y melyn yw tân yr Ysbryd Glân, mae glas ar gyfer daioni pur Duw, fel dŵr pur, a'r coch ydy'r gwaed. Mae'r gwaed yn arwydd bod Iesu wedi marw drosom ni ac mae'n ein hatgoffa ni o pryd y bu farw a pham y bu farw. Mae'r bathodyn yn dangos y groes y bu Iesu farw arni. Mae yna S fawr am Salvation, sef **Iachawdwriaeth**.

DAVINIA Yn yr eglwys rydyn ni'n cael ein dysgu y dylai Cristnogion fod yn dda bob amser, nid ar ddydd Sul yn unig. Weithiau dydy hynny ddim yn hawdd. Dydw i ddim yn dilyn holl reolau'r ysgol. Dydych chi ddim i fod i gnoi yn y dosbarth ond mi rydw i.

FFEIL FFEITHIAU

Symbol y pysgodyn Llun syml o bysgodyn. Cafodd ei ddefnyddio gyntaf gan y Cristnogion cynnar fel arwydd cyfrinachol. Dwy lythyren gyntaf y gair Groeg am bysgodyn yw llythrennau cyntaf "Iesu" a "Crist".

Iachawdwriaeth Cael bywyd newydd, a'ch achub rhag gwneud pethau drwg.

PETHAU I'W GWNEUD

Tynnwch lun symbolau'r pysgodyn a'r groes, ac ysgrifennwch yn ymyl beth yw eu hystyr i Gristnogion. Edrychwch ar dudalen 12 i'ch atgoffa pam roedd Cristnogion cynnar yn defnyddio arwyddion cyfrinachol.

Dyluniwch boster i hysbysebu'r grŵp Cristnogol sy'n cwrdd yn ysgol Philippa.

Ysgrifennwch am adeg pan fu'n rhaid i chi sefyll dros yr hyn roeddech chi'n credu oedd yn iawn, er y gallech chi fod wedi dioddef oherwydd hynny.

Mae llawer o wahanol symbolau y gallai Cristnogion eu gwisgo fel bathodynnau.

Tyfu: bedydd

PHILIPPA Yn ein heglwys ni, chewch chi ddim eich bedyddio nes eich bod chi'n ddigon hen i benderfynu eich hun. Fe gafodd fy chwaer Laura ei bedyddio pan oedd hi'n ddeg oed. Rydyn ni'n cael ein dysgu y dylen ni gael ein bedyddio oherwydd bod Iesu wedi cael ei fedyddio yn Afon Iorddonen gan Ioan Fedyddiwr. Cyn cael fy medyddio bues yn mynd i ddosbarthiadau i ddysgu beth mae bod yn Gristion yn ei olygu.

***Philippa:** Roedd y ddau a gafodd eu bedyddio yr un pryd â mi yn llawer hŷn. Buon ni'n canu a gweddïo yn gyntaf.*

Cyn y gwasanaeth ysgrifennais **dystiolaeth** yn dweud pam roeddwn i wedi dod yn Gristion. Wedyn darllenais y dystiolaeth o flaen y gynulleidfa. Mae'r pwll yn nhu blaen yr eglwys ac fe es i lawr y grisiau i'r dŵr. Geraint, ein gweinidog, fedyddiodd fi trwy fy ngollwng ar fy nghefn o dan y dŵr ac yna fy nghodi ar fy nhraed. Roedden ni i gyd yn teimlo'n hapus iawn wedyn. Rydw i wedi newid mewn rhai ffyrdd. Roeddwn i'n arfer rhegi'n aml, ond ddim mwy.

MEDDYLIWCH:

Pam na chafodd Philippa ei bedyddio yn faban?

Sut ydych chi'n meddwl roedd Philippa yn teimlo wrth gael ei bedyddio? Ydy hi'n hawdd siarad amdanoch chi'ch hun o flaen llawer o bobl eraill?

Pam mae'r person yn mynd dan y dŵr yn llwyr yn y math o fedydd a ddewisodd Philippa?

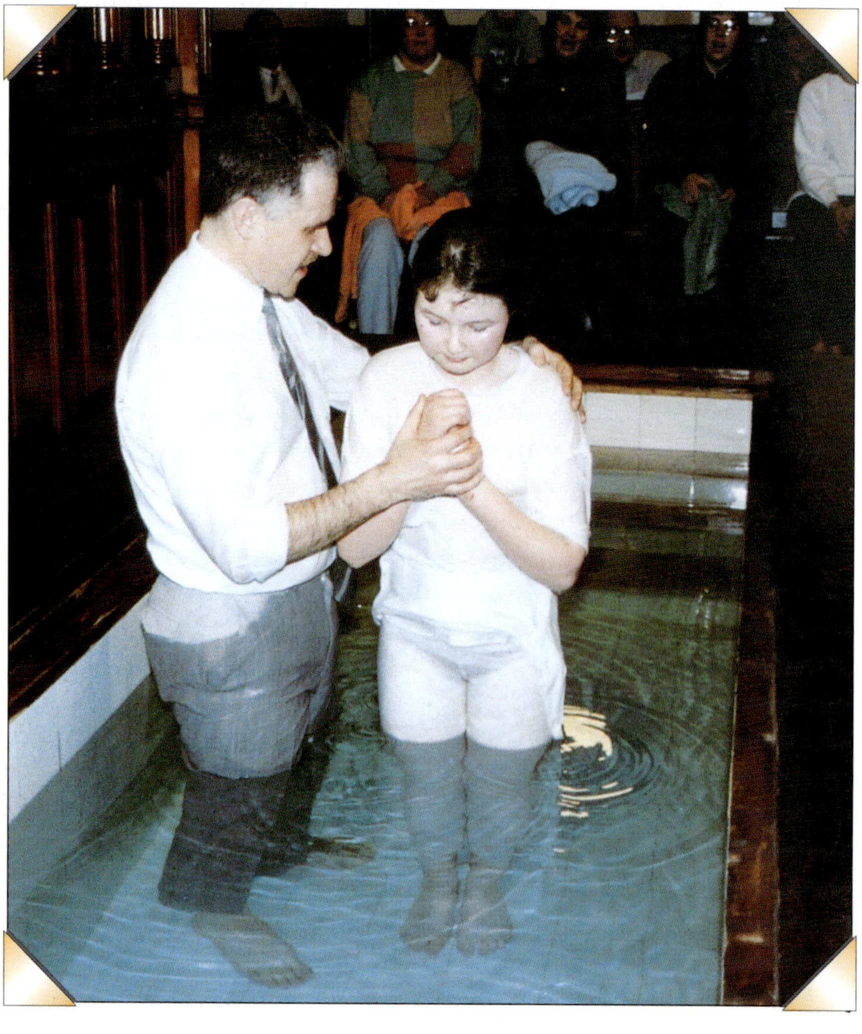

***Philippa:** Pwrpas mynd dan y dŵr ydy dangos ein bod ni'n cychwyn bywyd newydd. Rydych chi'n marw a chodi eto, fel Iesu Grist.*

***Davinia:** Does dim un o'm ffrindiau wedi cael eu bedyddio eto, na minnau chwaith. Rydw i eisiau dysgu cymaint ag y galla i am fy nghrefydd cyn penderfynu.*

Ffeil ffeithiau

Tystiolaeth Datganiad sy'n dweud rhywbeth rydych chi'n ei gredu sy'n wir ac yr ydych chi eisiau dweud wrth bobl eraill amdano.

Adduned Addewid.

Arglwydd Term cyffredin am Iesu Grist a Duw. I Gristion mae'n mynegi'r syniad bod Duw fel brenin sy'n arwain bywydau pobl.

Davinia

Pan ydych chi'n cael eich bedyddio a gwneud eich **adduned** i fod yn Gristion da, mae'n ymrwymiad am oes. Rydych chi'n rhoi tystiolaeth a dweud sut un oeddech chi gynt, sut y daethoch chi i adnabod yr **Arglwydd** a sut mae hynny wedi eich newid. Rydych chi'n gwneud addewid, o flaen eich teulu a'ch ffrindiau, ynglŷn â sut rydych chi'n mynd i wasanaethu'r Arglwydd o hyn ymlaen.

Pethau i'w gwneud

Dychmygwch sut brofiad fyddai bod o dan y dŵr am fwy nag ychydig eiliadau. Efallai i chi wneud hyn wrth nofio ar lan y môr. Gwnewch restr o'r geiriau y gallech eu defnyddio i ddisgrifio bod o dan y dŵr am ychydig. Yna gwnewch restr arall yn disgrifio sut brofiad ydy dod allan o'r dŵr ac i'r heulwen. Lliwiwch ddarn o bapur – un hanner yn dangos bod dan y dŵr a'r llall yn dangos bod allan yn yr awyr iach a'r haul. Ysgrifennwch y geiriau o'ch dwy restr ar y rhannau cywir o'r papur.

Wrth dystiolaethu, mae pobl yn meddwl o ddifrif am y pethau maen nhw'n credu sy'n wir ac y maen nhw am i bobl eraill wybod amdanynt. Ysgrifennwch am rywbeth rydych chi'n teimlo sy'n bwysig iawn ac rydych chi eisiau dweud wrth bobl eraill amdano.

Petaech chi'n mynd i newid rhai pethau amdanoch eich hun, beth fyddech chi'n ei newid? Gallwch ateb drwy gopïo'r siart isod a'i llenwi. Mae un enghraifft yno'n barod – gallwch ei defnyddio os yw'n wir!

Fi nawr	Fi fel yr hoffwn fod	Rheswm dros newid
Rwy'n siarad gormod	*Yn gwrando'n llawer gwell*	*Byddwn yn gwneud yn well yn yr ysgol*

Tyfu: gwneud addewidion

Ruth: *Mae llawer o bobl ifanc yn dod i'r Ysgol Sul. Rwy'n helpu i gadw'r gofrestr.*

RUTH Cyn i chi ddod yn un o'r Milwyr Iau rydych chi'n cael gwersi bob wythnos. Ar y diwedd rydych chi'n arwyddo tystysgrif a dweud addewid. Saith oed oeddwn i pan wnes i hyn ond gallswn fod yn unrhyw oed. Chi eich hun sy'n penderfynu gwneud hyn. Rydych chi'n gwneud eich addewid yn y neuadd mewn gwasanaeth ar ddydd Sul. Pan fyddwch chi'n Filwr Iau, rydych chi'n cael dechrau gwisgo'r lifrai ac ymuno â Band y Bobl Ifanc a'r Cwmni Canu, sef y côr. Mae'n braf bod yn y Cwmni Canu ac rydych chi'n cael gweld eich ffrindiau ar ddydd Mawrth wrth ymarfer. Yn 14 oed fe allwch chi fynd yn Filwr Hŷn. Dydw i ddim yn credu y gwnaf i hynny pan fydda i'n 14 oed. Mae'n rhy ifanc. Efallai y gwnaf i yn nes ymlaen.

REBECCA Cam mawr i blant Pabyddol ydy cael y cymun cyntaf pan fyddwn ni'n saith oed. Rydyn ni'n cael gwersi am sut i gymryd y cymun oherwydd pan ydych chi'n saith oed dydy hi ddim yn hawdd deall beth ydy cymun. Roeddwn i'n edrych ymlaen yn fawr at fy nghymun cyntaf.

Rebecca: *Dyma fi wedi gwisgo ar gyfer fy nghymun cyntaf.*

MEDDYLIWCH:

Beth mae Ruth yn ei fwynhau ynglŷn â bod yn Filwr Iau? Enwch rai o'r grwpiau rydych chi wedi ymuno â nhw. Beth ydych chi'n ei fwynhau ynglŷn â pherthyn i'r grwpiau?

Pam mae bedydd esgob gan rai eglwysi? Petaech chi'n cael anrheg adeg bedydd esgob, beth fyddech chi'n ei werthfawrogi fwyaf ymhen ugain mlynedd, tybed – croes ar gadwyn ynteu set deledu?

Beth dybiwch chi mae Rebecca yn ei feddwl wrth ddweud y bydd hi'n "gryfach" pan fydd hi'n 13 oed? Meddyliwch am y gwahanol ffyrdd y gall pobl fod yn gryf.

Pan ydyn ni'n 12 oed fe allwn ni gael bedydd **esgob**. Pan gafodd fy chwaer Anna ei bedydd esgob hi, fe wnaeth hi addewid i Dduw y byddai hi'n troi cefn ar ddrygioni ac yn dilyn ffyrdd Iesu Grist. Fe hoffwn i gael bedydd esgob pan fydda i'n 13 oed. Fe fydda i'n gryfach bryd hynny.

Rebecca: Cafodd Anna dynnu ei llun gyda'r esgob ar ôl ei bedydd esgob.

IORI Mae bedydd esgob yn golygu gwneud yn siwr beth ydych chi'n ei gredu. Rydych chi'n mynd i ddosbarthiadau gyda'r ficer i ddysgu popeth sy'n cael ei ddisgwyl ohonoch, pa fath o fywyd y dylech chi ei fyw. Mae'r esgob yn dod i'ch eglwys ar gyfer eich bedydd esgob. Rydych chi'n gorfod adnewyddu'r addewidion a wnaed ar eich rhan adeg eich bedydd yn faban.

Iori: *Yn y bedydd esgob rydych chi'n penlinio o flaen yr esgob. Mae'n gosod ei ddwylo ar eich pen ac yn gweddïo.*

Pethau i'w gwneud

Tynnwch lun dau beth yr hoffech eu derbyn yn anrhegion i gofio am amser arbennig yn eich bywyd wrth i chi dyfu.

Meddyliwch am adeg pan wnaethoch chi addewid bwysig. Eglurwch pam y gwnaethoch yr addewid. Beth oedd yr addewid? Beth ddigwyddodd ar ôl i chi ei gwneud?

Tynnwch siâp amlinelliad ohonoch eich hun. Ynddo, ysgrifennwch ym mha ffyrdd yr ydych chi'n gryf yn awr. Yna tynnwch amlinelliad ohonoch fel oedolyn. Ynddo ysgrifennwch y ffyrdd y tybiwch y byddwch yn gryf ar ôl ichi dyfu.

Ffeil Ffeithiau

Esgob Esgob yw rhywun mewn awdurdod sy'n gofalu am yr eglwysi yn ei ardal. Nid oes esgobion gan bob enwad Cristnogol.

Addoli yn y cartref

DAVINIA Yn ein teulu ni rydyn ni'n gweddïo gyda'n gilydd bob bore cyn mynd i'r ysgol neu i'r gwaith ac mae un ohonon ni'n darllen yr **ysgrythur**. Pan fydd Dad gartref rydyn ni'n cael gwasanaeth yn y bore. Mae Mam yn agor ffenestri pan mae hi'n chwarae **miwsig gospel** er mwyn i'r cymdogion glywed. Rwy'n gweddïo cyn mynd i'r gwely rhag i rywbeth ddigwydd i mi. Rwy'n dweud **Gweddi'r Arglwydd** a gweddi a ddysgais yn yr ysgol:

Arglwydd, cadw ni'n ddiogel heno,
Rhag pryderon bach a mawr.
Boed i angylion wylio trosom,
Nes daw golau'r wawr. Amen.

Yn fy ngweddi fy hun rwy'n dweud, "Diolch Dduw am fy neffro y bore yma, ac am fy nghadw fi a'r teulu'n ddiogel. Diolch am fy nheulu." Pan oedd gen i arholiad fiola roeddwn i'n poeni ac adeg hynny roeddwn i'n gweddïo y byddwn i'n pasio a gwneud yn dda.

IORI Rwy'n gweddïo bob dydd, mewn ffordd. Does dim patrwm cyson o weddïo y bydda i'n ei ddilyn bob dydd, ond weithiau mae'n bosibl y bydda i eisiau trafod rhywbeth gyda Duw. Mae'n dibynnu ar fy hwyliau. Rydyn ni'n dweud **gras** cyn cinio neu cyn swper ond ddim cyn brecwast.

MEDDYLIWCH:

Pam mae mam Davinia eisiau rhannu'r miwsig gospel gyda'i chymdogion? A oes pethau rydych chi eisiau eu rhannu gydag eraill?

Pa wahanol resymau mae Davinia, Iori a Rebecca yn eu rhoi dros weddïo?

Mae Iori yn dweud ei fod yn "trafod pethau gyda Duw." Beth mae hynny'n ei olygu, yn eich barn chi?

Rebecca: *Mae un ohonon ni'n rholio deis sydd â chwe gweddi arno, yn Almaeneg. Yna rydyn ni i gyd yn dweud y weddi sy'n ymddangos.*

REBECCA Mae gweddïo yn rhywbeth rydyn ni'n edrych ymlaen ato. Rydyn ni'n gweddïo amser bwyd gan amlaf, ond hefyd gyda'r nos. Rydyn ni'n defnyddio'r llaswyr, sef cadwyn gleiniau, i'n helpu i weddïo. Rydyn ni'n cyfri'r gleiniau ac mae hynny'n ein hatgoffa ni o'r pethau a ddigwyddodd ym mywyd Iesu a Mair. Rydyn ni'n adrodd **Henffych Fair** hefyd.

Rebecca: *Mae gweddïo yn golygu llawer i mi. Pan ydw i'n defnyddio'r llaswyr rwy'n cau fy llygaid a meddwl am sut y bu Iesu yn dioddef.*

Pethau i'w gwneud

Mae teuluoedd Davinia, Iori a Rebecca i gyd yn addoli gyda'i gilydd bob dydd. Maen nhw'n teimlo bod hyn yn dod â nhw yn agos at ei gilydd fel teulu. Tynnwch lun neu ysgrifennwch stori gyda'r teitl "Y teulu gyda'i gilydd". Dylai ddangos eich syniadau chi am y pethau sy'n dod â theulu at ei gilydd.

Dyluniwch gadwyn gleiniau a fyddai'n eich helpu i gofio pethau sy'n bwysig i chi. Tynnwch lun y gleiniau, a symbolau bach eraill o bosibl, wedi'u clymu ar linyn. Ydy lliw'r llinyn a'r gleiniau yn bwysig? Eglurwch beth yw ystyr eich cadwyn. Os oes gennych chi ddefnyddiau addas fe allech chi wneud eich cadwyn.

Ysgrifennwch eich gweddi eich hun o ddiolch neu weddi o ddiolch y gallai Cristion ei defnyddio.

Ffeil ffeithiau

Ysgrythur Ystyr cyntaf y gair oedd "rhywbeth ysgrifenedig". Heddiw mae'n air arall am y Beibl.

Miwsig gospel Canu poblogaidd sy'n moli (sef canmol) Duw a Iesu.

Gweddi'r Arglwydd Y weddi a ddysgodd Iesu i'w ddisgyblion. Mae'n dechrau "Ein Tad ..."

Gras Gweddi o ddiolch sy'n aml yn cael ei hadrodd cyn bwyd.

Henffych Fair Gweddi i Mair, yn ei moli fel mam Iesu Grist.

Cydaddoli 1

REBECCA Ers talwm, cyn i'n heglwys ni gael ei chodi, roedd pobl yn arfer cwrdd mewn ysgol neu yn nhŷ rhywun a chael yr Offeren yno. Wrth fynd i mewn i'r eglwys am wasanaeth rydyn ni'n gwneud arwydd y groes gyda **dŵr bendigaid**. Mae hynny'n ein hatgoffa ni ein bod yn nhŷ Dduw a'i bod yn bwysig meddwl am Dduw. Rhan bwysicaf y gwasanaeth ydy'r **Ewcharist**. Dyna pryd rydyn ni'n cofio Iesu yn marw. Mae'r gwin yn cynrychioli ei waed a'r bara yw ei gorff.

Pan aethon ni i'r Almaen i weld teulu Dad, synnais weld sut roedd pobl yn gweddïo. Doedden nhw ddim yn swil o gwbl. Weithiau, wrth fynd am dro yn y goedwig, byddech chi'n gweld pobl yn mynd at **allor** oedd yng nghanol y coed a gweddïo yn y fan a'r lle.

Rebecca: *Mae rhywbeth arbennig iawn yn digwydd wrth i'r offeiriad fendithio'r bara a'r gwin.*

MEDDYLIWCH:

A oes angen i Gristnogion gwrdd mewn eglwys neu gapel i addoli?

Ydy pobl yn ymddwyn yn wahanol y tu mewn i eglwysi? Ym mha ffyrdd? Pam, tybed?

Pam mae Iori a Rebecca yn mynd i'r eglwys?

Iori: *Mae eistedd yn yr eglwys yn rhoi cyfle i mi feddwl am beth sy'n bwysig mewn bywyd.*

IORI Rydw i wedi bod yn dod i'r eglwys ar hyd fy oes a dydw i ddim eisiau stopio. Mae'n gallu bod yn boen codi'n gynnar ar fore Sul ond ar ôl cyrraedd yno mae'n iawn. Mae'r eglwys yn gyfle i mi gael hoe. Mae'n dawel ac yn gwbl wahanol i brysurdeb gweddill yr wythnos. Rwy'n mwynhau dod ac rwy'n ymlacio i gyd.

Dyma afrlladennau, sydd yn aml yn cael eu defnyddio yn lle bara yn yr Ewcharist.

FFEIL FFEITHIAU

Dŵr bendigaid Dŵr a gafodd ei fendithio gan offeiriad.

Ewcharist Ystyr y gair yw "rhoi diolch". Dyma'r rhan o'r gwasanaeth pan mae'r bara a'r gwin yn cael eu rhannu. Ewcharist hefyd ydy'r term am y bara a'r gwin ar ôl i'r offeiriad eu bendithio. Mewn eglwysi eraill, enw'r addoliad hwn yw "Cymun" neu "Cymundeb".

Allor Bwrdd, fel arfer yn nhu blaen yr eglwys. Yn aml mae lliain arbennig drosto a chanhwyllau a chroes arno.

Iori: *Mae ein Ewcharist ni ar gyfer teuluoedd. Mae yn Gymraeg a Saesneg.*

PETHAU I'W GWNEUD

Ystyr y gair "addoli" ydy dangos parch mawr tuag at rywbeth, neu rywun, yr ydych chi'n ei werthfawrogi'n fawr iawn. Gwnewch ddwy restr dan y penawdau:

Pethau rwy'n eu gwerthfawrogi y gall arian eu prynu

Pethau rwy'n eu gwerthfawrogi na all arian eu prynu

Tynnwch luniau o dair ffordd y mae Cristnogion yn addoli. Wrth ymyl pob llun ysgrifennwch beth maen nhw'n ei wneud a pham maen nhw'n gwneud hynny. Bydd y lluniau ar y ddwy dudalen hyn a thudalennau 42 i 45 yn eich helpu.

Yn ystod yr Offeren (neu'r Cymun neu'r Ewcharist) mae Cristnogion yn cofio'r hyn a ddywedodd Iesu yn ystod y swper olaf a gafodd gyda'i ddisgyblion, cyn iddo gael ei restio a'i groeshoelio. Darllenwch yr hanes yn y Beibl, Efengyl Mathew pennod 26 adnodau 17 i 29. Dychmygwch eich bod yn un o'r disgyblion. Ysgrifennwch gofnod yn eich dyddiadur yn disgrifio beth ddigwyddodd yn y swper hwnnw. Eglurwch sut roeddech chi'n teimlo pan glywsoch chi fod Iesu, eich arweinydd, yn mynd i'ch gadael.

Cydaddoli 2

RUTH Rydyn ni'n galw ein gwasanaeth ar ddydd Sul yn gyfarfod. Rwy'n mynd i'r gwasanaeth achos ein bod wedi gwneud hynny fel teulu erioed. Rydyn ni'n moli Duw yn ein cyfarfodydd. Rydyn ni'n dangos beth rydyn ni'n ei deimlo am Dduw ac weithiau byddwn ni'n clapio yn ystod y caneuon. Efallai bydd rhywun yn tystiolaethu, gan sôn am beth maen nhw'n ei gredu neu am rywbeth a ddigwyddodd yn ystod yr wythnos sydd wedi eu gwneud nhw'n gryfach.

Dydyn ni ddim yn cael bara a gwin yn ein cyfarfodydd fel rhai eglwysi. Rydyn ni'n credu y gallwch chi addoli mewn pob math o ffyrdd ac nad oes raid i chi wneud yr un pethau bob wythnos.

Rydyn ni'n dweud Gweddi'r Arglwydd. Weithiau rydyn ni'n ei galw'n Weddi'r Teulu. Mae gweddïau o ddiolch hefyd a gweddïau i'r rhai sydd angen help. Yn ystod y gweddïau heddiw fe ofynnodd y capten am gymorth Duw i Nigel sy'n sâl iawn. Os ydych chi'n clywed am rywun sy'n sâl, rydych chi'n teimlo'n drist oherwydd eich bod yn adnabod y person. Weithiau rwy'n teimlo'n hapus os ydy'r cyfarfod wedi mynd yn dda a minnau heb ddiflasu.

Ruth: *Mae sŵn y band pres a'r canu yn ein gwasanaethau yn eu gwneud nhw'n adegau hapus. Gyda'r plant mae'n fwy bywiog fyth!*

Ruth: *Un o'r capteiniaid fydd yn arwain y weddi fel arfer.*

MEDDYLIWCH:

Ydych chi'n hoffi cerddoriaeth? Pam? Pam ydych chi'n credu bod cerddoriaeth mor bwysig mewn gwahanol ffurfiau o addoli Cristnogol?

Mae Cristnogion yn gweddïo fel un ffordd o'u helpu nhw trwy gyfnodau anodd. Pa bethau sy'n eich helpu chi pan fydd pethau'n mynd o chwith?

Ydych chi'n credu bod Ruth a Philippa yn hoffi mynd i'r eglwys? Pam maen nhw'n mynd?

Philippa: *Mae'r gweinidog yn sefyll yn nhu blaen y capel i arwain yr* ***emyn****.*

Ffeil Ffeithiau

Emynau Caneuon crefyddol, sydd yn aml yn moli Duw.

Philippa

Rydw i'n mynd i'r eglwys bron bob Sul, ond weithiau, os ydw i wedi blino, rwy'n aros yn y gwely. Weithiau mae Dad yn arwain y gwasanaeth ac yn gofyn i bobl ddod ymlaen i'w helpu. Fy hoff beth yn yr eglwys ydy'r Ysgol Sul. Rwy'n hoffi'r canu. Mae yna storïau ac rydyn ni'n chwarae gêmau bron bob wythnos.

Philippa: *Weithiau mae Dad yn arwain y cwrdd gweddi.*

Pethau i'w gwneud

Edrychwch ar y llun o neuadd Byddin yr Iachawdwriaeth ar dudalen 42 a'r lluniau o eglwysi Iori a Rebecca ar dudalen 40. Gwnewch restr o'r prif wahaniaethau a welwch chi.

Ysgrifennwch weddi dros rywun sy'n sâl.

Mae dydd Sul yn "ddydd o orffwys" i Gristnogion. Ond i Ruth, mae dydd Sul yn aml yn ddiwrnod prysur iawn. Cynlluniwch "ddydd o orffwys" i chi eich hun, gan ddweud beth hoffech chi ei wneud. Meddyliwch sut y gall "gorffwys" olygu gwneud rhywbeth gwahanol a gwerth chweil, yn hytrach na dim ond diogi!

Cydaddoli 3

***Sioned:** Yn y **bregeth** mae'r gweinidog yn sôn am stori o'r Beibl.*

SIONED Rydyn ni'n canu emynau yn ein gwasanaeth. Weithiau rwy'n mynd i'r gwasanaeth Cymun. Yn yr Ysgol Sul, rydyn ni'n canu, cael stori o'r Beibl, ateb cwestiynau a lliwio lluniau. Yna mae pawb yn dod yn ôl at ei gilydd eto i weddïo. Mae yna drip Ysgol Sul i Butlin's bob blwyddyn. Rydyn ni'n nofio, mynd ar y reidiau a chael llawer o hwyl.

DAVINIA Mae ein heglwys ni yn teimlo'n llonydd a chroesawgar wrth i chi fynd i mewn, ond mae'n troi'n fwy swnllyd wrth i'r plant gyrraedd. Rydyn ni'n defnyddio llyfrau emynau wrth ganu. O'n pen y daw'r gweddïau, nid o lyfr. Fel arfer mae pobl yn gweddïo'n dawel eu hunain, ond weithiau maen nhw'n gofyn i rywun weddïo'n uchel ar ran pawb.

***Sioned:** Mae'r gwasanaeth yn y capel mawr ychydig yn hir i ni, felly mae'r plant yn mynd i ystafell arall i ganu eu caneuon eu hunain i Dduw.*

MEDDYLIWCH:

Mae'r bregeth yn eglwys Sioned yn aml yn sôn am stori o'r Beibl. Ydych chi'n hoffi storïau? Pam? Pam mae storïau yn ffordd mor dda o gyfleu neges?

Mae gan eglwys Davinia eglwys arbennig i blant. Pam, tybed?

Mae Davinia yn meddwl bod mynd i'r eglwys yn hwyl. Pam? Ydy barn Davinia yn eich synnu?

***Davinia:** Y lle pwysicaf yn yr eglwys ydy'r allor achos yno mae pobl yn mynd i gael iachâd. Mae Beibl ar yr allor a photel o olew ar gyfer iacháu.*

Mae perthyn i'r eglwys yn hwyl. Rwy'n hoffi mynd yno. Mae gennyn ni eglwys i blant yno. Weithiau rydyn ni'n smalio cael gwasanaeth eglwys, gyda'r plant yn actio'r gwahanol bethau y mae'r bobl yn arfer eu gwneud yn yr eglwys fawr. Rwy'n mynd i'r eglwys bob dydd Sul ac yn rhoi offrwm. Arian i helpu cynnal yr eglwys ydy offrwm.

Davinia: *Pwrpas addoli ydy dangos i Dduw faint rydyn ni'n ei garu, ac er mwyn ei wasanaethu. Mae'n dangos i Dduw ein bod ni'n gwerthfawrogi popeth a wnaeth i ni, fel anfon Iesu aton ni.*

PETHAU I'W GWNEUD

Edrychwch ar y gwahanol luniau o leoedd i addoli ar dudalennau 40 i 45. Petaech chi'n gallu ymweld ag un ohonyn nhw, pa un fyddech chi'n ei ddewis? Pam? Tynnwch lun y tu mewn i'r adeilad a labelu cymaint o'r rhannau ag y gallwch.

Edrychwch dros dudalennau 40 i 45 a gwneud rhestr o'r pethau y mae Cristnogion yn eu defnyddio i'w helpu yn eu haddoliad yn yr eglwysi. Mewn grwpiau, gwnewch lun taclus a label ar gyfer y pethau ar eich rhestr. Torrwch nhw â siswrn a gwneud symudyn i'w grogi o'r nenfwd.

Gwnewch restr o gwestiynau i ddarganfod faint o ddisgyblion yn eich dosbarth sy'n mynd i le o addoliad, ble maen nhw'n mynd, a pha mor aml. Gallwch gyflwyno eich canlyniadau mewn ysgrifen, fel graff neu siart, neu ar y cyfrifiadur.

FFEIL FFEITHIAU

Pregeth Sgwrs gan un o arweinwyr yr eglwys neu'r capel i helpu aelodau'r gynulleidfa ddeall mwy am fod yn Gristion.

Priodi

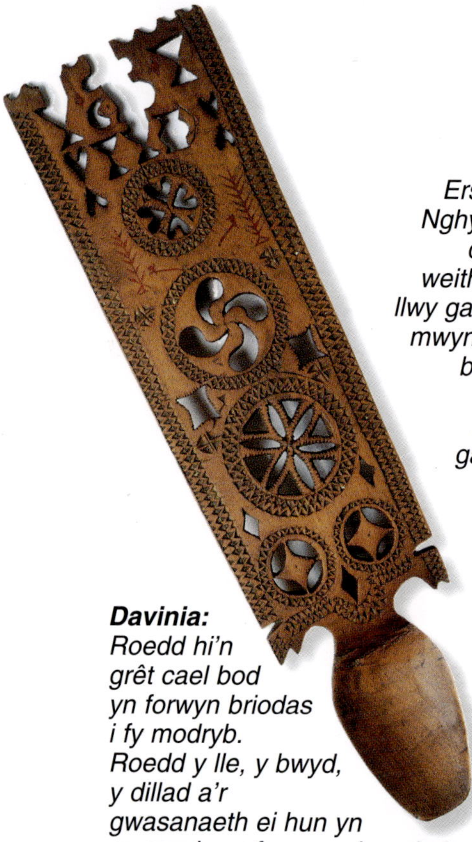

Ers talwm yng Nghymru, roedd dynion ifanc weithiau'n cerfio llwy garu i ferch er mwyn dangos eu bod eisiau ei phriodi. Pa symbolau o gariad y mae pobl yn eu rhoi i'w gilydd heddiw?

Davinia: *Roedd hi'n grêt cael bod yn forwyn briodas i fy modryb. Roedd y lle, y bwyd, y dillad a'r gwasanaeth ei hun yn gwneud y cyfan yn arbennig iawn.*

DAVINIA Es i i briodas Anti Miriam ac Wncwl David. Fe briodon nhw yn yr eglwys. Rhoddon nhw fodrwyon i'w gilydd i ddangos eu cariad a'u bod yn briod. Mae Mam yn dweud bod ar bawb angen Duw i'w helpu i garu ei gilydd a gofalu am ei gilydd. Efallai mai dyna pam y maen nhw'n priodi yn yr eglwys. Roedd gan Anti Miriam bethau'n sgleinio ar ei ffrog, fel diemwntau, ac roedd gwaelod y sgert yn hir, hir y tu ôl iddi. Roeddwn i'n forwyn briodas. Roedd fy ffrog i o satin gwyn ac fe gefais i wisgo esgidiau sodlau uchel am y tro cyntaf.

RUTH Rydw i wedi bod mewn dwy briodas Byddin yr Iachawdwriaeth. Roedd pawb yn hapus dros ben. Yn y Fyddin rydyn ni'n cael yr un math o wasanaeth ag mewn eglwysi eraill. Mae'r capten yn eu priodi ac mae'r cwpl yn gwneud eu haddewidion a rhoi modrwyau i'w gilydd. Mae gweddïau i fendithio'r pâr ac mae canu. Bydd y person sy'n arwain y seremoni yn dweud rhywbeth am y cwpl ac wedyn fe fyddan nhw'n arwyddo'r **gofrestr**. Mae'r briodferch yn gwisgo gwyn a'r priodfab yn gwisgo siwt, nid ei lifrai. Fe allwch chi wisgo eich lifrai, os ydych chi'n dymuno.

Yn y derbyniadau priodas lle bues i cawson ni fwyd ac areithiau. Roedd alcohol ar gael i'w brynu, ond dim ond ar gyfer pobl sy ddim yn perthyn i'r Fyddin.

Sioned: *Mae'r geiriau mewn gwasanaeth priodas Cristnogol yn golygu eich bod yn addo eich hun i rywun arall am weddill eich oes.*

"Yr wyf yn galw ar y bobl
sydd yma yn bresennol
i dystiolaethu fy mod i
yn dy gymryd di
i fod yn wraig briod, gyfreithlon i mi,
[neu yn ŵr priod, cyfreithlon i mi]
ac mewn hawddfyd ac adfyd,
mewn tlodi a chyfoeth,
mewn iechyd a gwaeledd,
yn addo dy garu a'th drysori,
o'r awr hon ymlaen
hyd oni wahaner ni gan angau."

MEDDYLIWCH:

Ydych chi wedi bod mewn priodas? Beth ydych chi'n ei gofio amdani?

Beth sy'n gwneud priodas yn achlysur arbennig?

Pam ydych chi'n credu bod Cristnogion yn dewis priodi? Pam maen nhw'n priodi yn eu lle o addoliad?

Ar lawer o gardiau priodas mae symbolau sy'n gysylltiedig â phriodi. Mae clychau, pedolau lwcus, y groes Gristnogol a'r Beibl i gyd yn boblogaidd.

SIONED Priododd merch sy'n athrawes Ysgol Sul yn ein capel ni. Ei henw ydy Alaw. Enw'r priodfab oedd Gwyn. Fe gerddodd hi i lawr yr **eil** gyda'i thad. Gofynnodd y gweinidog i'r gynulleidfa a oedd unrhyw reswm pam na allen nhw briodi. Un peth roedd yn rhaid iddyn nhw ei addo oedd bod yn ffyddlon i'w gilydd.

PETHAU I'W GWNEUD

Gwnewch gerdyn priodas gyda dyluniad addas ar y tu blaen. Gallech gynnwys symbol fel modrwy neu golomen. Mae colomen yn arwydd o ddechrau pur, ffres i'r briodas ac o heddwch rhwng y cwpl. Ysgrifennwch gerdd fer neu neges i'w rhoi yn y cerdyn, yn dweud beth rydych chi'n gobeithio y bydd y pâr yn ei gael o'u priodas.

Disgrifiwch briodas y buoch ynddi neu y clywsoch amdani. Dywedwch pa ran roeddech chi'n credu oedd fwyaf pwysig.

A oes man arbennig lle byddech chi'n dewis gwneud addewid pwysig? Ble byddai hynny a pham byddech chi'n ei ddewis?

FFEIL FFEITHIAU

Cofrestr Y llyfr y mae'n rhaid i'r pâr sydd newydd briodi ei arwyddo i ddweud eu bod yn briod. Mae'n rhaid i bobl eraill ei arwyddo i ddweud eu bod nhw'n dystion i'r briodas.

Eil Llwybr sy'n arwain o gefn capel neu eglwys i'r blaen, rhwng y seddi.

Bod yn briod

Ruth: *Mae rhoi modrwy yn arwydd o addewid dau berson i garu ei gilydd am byth. Mae'r fodrwy yn gylch diddiwedd, a dylai eu cariad hefyd fod yn ddiddiwedd.*

RUTH Pan fydd dau berson yn priodi rwy'n tybio eu bod nhw'n gwneud eu haddewidion i Dduw yn ogystal ag i'w gilydd. Rwy'n credu y dylai gŵr a gwraig addo bod yn ffyddlon am weddill eu hoes, ac i ofalu am ei gilydd.

REBECCA Nid rhwng dau berson y mae priodas, ond rhwng tri: y briodferch, y priodfab a Duw. I Babyddion mae'n **sagrafen** fendigaid yn union fel bedyddio a bedydd esgob. Gallai fod yn anodd iawn petasech chi'n priodi rhywun sydd y tu allan i'r eglwys. Mewn byd perffaith fe fyddai ein rhieni ni'n gobeithio y bydden ni'n priodi Pabydd neu Gristion arall. Petasai un o'r cwpl ddim yn Gristion, byddai'n anodd iddyn nhw ddeall pa mor bwysig ydy priodas i ni.

Rebecca: *Gartref mae lluniau o Mam a Dad pan oedden nhw'n iau. Rwy'n credu bod rhaid gweithio'n galed er mwyn aros gyda'r un person am amser mor hir. Mae'n rhaid i chi feddwl am y person arall yn gyntaf.*

MEDDYLIWCH:

Beth ydych chi'n credu mae Davinia yn ei feddwl pan mae hi'n dweud bod priodas yn golygu mwy na dim ond bod yn hapus yn unig?

Ydy hi'n hawdd bob tro dangos cariad, ffyddlondeb a maddeuant i bobl sy'n bwysig i chi?

Pam y gallai hi fod yn anodd i Rebecca briodi rhywun sy ddim yn Gristion?

Heddiw mae'r ddeuddyn hyn wedi eu hymgysegru y naill i'r llall mewn cariad diderfyn. Byddant yn rhannu gyda'i gilydd bopeth y bydd bywyd yn ei roi. Gofynnwn i Dduw fod gyda hwy yn y blynyddoedd sydd i ddod.

O wasanaeth priodas y Pabyddion

Ffeil Ffeithiau

Sagrafen Arwydd neu weithred arbennig sy'n dod â phobl yn nes at Dduw.

Davinia: *Mae priodi bob amser yn gwneud pobl yn hapus. Ond mae priodas yn golygu mwy na dim ond bod yn hapus.*

Davinia

Efallai y gwnaf i briodi ryw ddydd. Rwy'n credu bod rhai pobl yn priodi er mwyn cael rhywun i ofalu amdanyn nhw neu oherwydd eu bod nhw eisiau magu plant. Fe ddylen nhw garu ei gilydd a pheidio â phriodi dim ond oherwydd bod eu ffrindiau yn briod. Os ydych chi'n priodi, fe ddylech chi addo i aros gyda'ch gilydd a pheidio â mynd i ffwrdd gyda dyn neu ddynes arall. Ddylech chi ddim dadlau dros bwy sy'n talu pa filiau ac ati.

Pethau i'w gwneud

Pa fath o addewidion ydych chi'n credu y dylai cwpl eu gwneud wrth briodi a fydd yn eu helpu yn eu bywyd gyda'i gilydd? Gallech eu hysgrifennu'n daclus ac addurno'r dudalen i wneud iddi edrych fel dogfen bwysig.

Dyluniwch symbol, neu rywbeth y gallai gŵr a gwraig ei roi i'w gilydd, i ddangos bod priodas yn rhywbeth a ddylai barhau am byth. Oddi tano, ysgrifennwch ychydig frawddegau i egluro eich dyluniad.

Mae Cristnogion yn dweud bod priodas yn rhoi cyfeillgarwch a chariad i bobl a'i bod yn ffordd dda o fagu teulu. Pam mae hi'n dda cael rhywun i'w garu? Beth sy'n gwneud rhiant da? Ysgrifennwch ateb i un o'r cwestiynau hyn.

Dathlu'r Nadolig

MEDDYLIWCH:

Pam y byddai Rebecca wedi canu "Pen-blwydd hapus i ti" yn yr eglwys adeg y Nadolig?

Pa fathau o bethau mae Rebecca, Davinia, Philippa a Ruth yn eu gwneud i ddathlu'r Nadolig, gartref ac yn eu haddoldai?

Pam mae'r Nadolig yn bwysig i Gristnogion?

REBECCA

Roeddwn i'n rhyfeddu yn yr ysgol pan nad oedd rhai o'r plant yn gwybod pam rydyn ni'n cael Nadolig. Roedden nhw'n meddwl mai dim ond amser i gael anrhegion oedd y Nadolig, rhywbeth i'w wneud â Siôn Corn. Rwy'n credu fy mod i'n gwybod o'r dechrau cyntaf beth oedd ystyr y Nadolig. Yn ôl Mam, pan oeddwn i'n ddwyflwydd oed fe ddechreuais i ganu "Pen-blwydd hapus i ti" yn yr eglwys ar fore dydd Nadolig.

DAVINIA

Fy hoff ŵyl i ydy'r Nadolig. Rydyn ni'n cael gweithgareddau Nadolig arbennig yn yr eglwys ac mae'n rhaid i bawb fynd ymlaen i ganu cân, adrodd cerdd, gwneud sgets neu ganu yn y côr. Mae tinsel yn cael ei glymu o gwmpas y pileri wrth bob sedd ac mae llond y lle o falŵns. Rydyn ni'n cael cinio mawr – twrci weithiau, neu fwydydd o Jamaica fel **ackie,** pysgod hallt a **Johnny cakes**.

Davinia: *Rydyn ni'n sôn am Iesu Grist yn dod â goleuni i'n bywydau. Mae'r holl oleuadau Nadolig yn gwneud popeth yn llawen. Mae'n gwneud i chi deimlo bod hwn yn amser arbennig.*

Mae rhai cardiau Nadolig yn cofio ystyr Cristnogol y Nadolig, a chardiau eraill ddim. Pa rai o'r rhain sy'n cynnwys rhywbeth Cristnogol?

Ffeil ffeithiau

Ackie Ffrwyth cenedlaethol Jamaica. Mae'n cael ei fwyta gyda physgod hallt ar adegau arbennig.

Johnny cakes Roedd y rhain yn arfer cael eu galw'n "journey cakes". Maen nhw'n cael eu gwneud o flawd codi a blawd india corn. Byddai pobl yn eu gwneud ar gyfer siwrneiau pell oherwydd fe allwch chi eu bwyta'n boeth neu eu cadw a'u bwyta'n oer.

Drama'r Geni Drama am eni Iesu Grist.

PHILIPPA Un Nadolig yn yr eglwys, pan wnaethon ni **Ddrama'r Geni**, fi oedd Mair. Roeddwn i'n briod â bachgen o'r enw Stuart ac roedd y baban Iesu yn faban go iawn. Pythefnos oed oedd e. Roeddwn i'n dal y baban a Joseff yn rhoi ei fraich amdanaf. Bob Nadolig rydyn ni'n cofio mai Iesu Grist oedd rhodd Duw i'r byd.

RUTH Fy hoff ŵyl i ydy'r Nadolig oherwydd y gwahanol wasanaethau. Rydyn ni'n cael partïon Nadolig ac mae pawb yn dod at ei gilydd yn y neuadd ar Nos Galan i ganu a disgwyl y Flwyddyn Newydd. Mae'n braf iawn oherwydd y teimlad o agosatrwydd. Gartref rydyn ni'n cael anrhegion Nadolig a chinio Nadolig arbennig.

Pethau i'w gwneud

Disgrifiwch sut rydych chi'n dathlu eich hoff ŵyl gartref ac, o bosibl, mewn mannau eraill.

Mae canhwyllau, addurniadau ac anrhegion i gyd yn atgoffa Cristnogion am rai o negeseuon pwysig y Nadolig. Tynnwch lun eich symbol eich hun i atgoffa pobl am ystyr y Nadolig.

Mae llawer o bobl sy ddim yn Gristnogion yn dathlu'r Nadolig. Bydd rhai o resymau'r bobl hyn yr un fath â rhesymau Cristnogion dros ddathlu'r Nadolig. Bydd eraill yn wahanol. Gwnewch restr mewn dwy golofn yn dangos beth mae'r Nadolig yn ei olygu i Gristnogion ac i bobl sy ddim yn Gristnogion.

Mae'r Nadolig yn amser o lawenydd a dathlu. Mae'r addurniadau mewn eglwysi a chartrefi yn arwydd o'r llawenydd hwn. A oes unrhyw beth ar y goeden Nadolig hon a allai atgoffa Cristnogion am stori'r Nadolig?

Dathlu'r Pasg

***Iori:** Ar Sul y Blodau fe ddaeth Iesu i ddinas Jerwsalem ar gefn asyn. Cafodd groeso gan lawer yn y dorf, fel petai'n frenin, er iddo ddod fel gwas ar gefn asyn.*

IORI Ar Sul y Blodau rydyn ni'n cerdded i'r eglwys o ben y bryn. Mae gan yr holl blant balmwydd i'w chwifio ac mae gennyn ni asyn go iawn hefyd. Mae'n gwneud y cyfan yn fwy byw pan fyddwch chi'n actio beth ddigwyddodd amser maith yn ôl.

Bum diwrnod wedyn, ar Ddydd Gwener y Groglith, rydyn ni'n cario croes i fferm o'r enw Maes-y-groes. Roedd teulu lleol, o'r enw Lloyd, yn arfer crogi pobl ym Maes-y-groes am wneud pethau fel tresmasu yn eu coedwig. Roedd y Lloyds yn gwneud fel y mynnen nhw. Mae'n hawdd gweld y cysylltiad rhwng lladd y bobl ddiniwed hynny a marwolaeth Iesu Grist.

Pwrpas y Pasg ydy cofio bod Iesu wedi marw droson ni. Ar ôl iddo farw a chael ei gladdu, cododd eto o'r bedd yn fyw.

Mae Sul y Pasg yn dathlu **atgyfodiad** Iesu Grist. Fe fyddwn ni'n cael gwasanaeth arbennig yn ein heglwys ni. Bydd fy nhad yn rhannu lluniau a modelau o loÿnnod byw. Mae lindys yn fyw, yna'n edrych fel petai wedi marw. Mae'n newid yn bwpa gyda chragen galed, fel beddrod. Yna mae'n ffrwydro'n fyw eto ar ffurf glöyn byw hardd. Mae'n debyg i'r syniad Cristnogol o fywyd Iesu yn cael ei adnewyddu eto ar ôl iddo gael ei gladdu yn y bedd.

MEDDYLIWCH:

Ydych chi'n credu mai'r Nadolig ynteu'r Pasg yw'r ŵyl bwysicaf i Gristnogion? Beth yw'ch rhesymau?

Sut ydych chi'n credu y mae Iori yn teimlo ar Ddydd Gwener y Groglith wrth iddo helpu i gario croes i'r bryn?

Sut ydych chi'n meddwl mae Ruth yn teimlo ar Sul y Pasg wrth iddi sefyll ar y mynydd yn edrych ar yr olygfa wych?

***Iori:** Ar ôl i ni gerdded i Faes-y-groes rydyn ni'n rhannu teisennau croes yn neuadd yr eglwys.*

Iori:** Mae'r groes rydyn ni'n ei chario yn ein helpu ni i gofio am ystyr Dydd Gwener y Groglith. Mae'n ail-greu'r hyn a wnaeth Iesu pan gariodd ei groes i fyny i **Golgotha.

Iori: *Mae Dad yn casglu symbolau'r gloÿnnod byw yn ystod y flwyddyn i'w rhannu ar Sul y Pasg.*

RUTH Ar Ddydd Gwener y Groglith, mae'r holl eglwysi yng Nghwm yn cael Gorymdaith Dystiolaeth. Rydyn ni'n mynd i ben y mynydd a chodi croes yno. Mae cyfarfod ar nos Wener. Ar Sul y Pasg, am 8 o'r gloch, rydyn ni'n cwrdd ar ben y mynydd gyda'r band ac yn canu. Mae pawb yn dod i lawr a chael brecwast yn neuadd y Fyddin. Mae croeso i bawb. Rwy'n teimlo'n flinedig ar ôl codi mor gynnar, ond mae'n braf ac mae'r olygfa yn wych.

FFEIL FFEITHIAU

Atgyfodiad Dod yn fyw ar ôl marw.

Golgotha Y man lle cafodd Iesu ei groeshoelio.

PETHAU I'W GWNEUD

Dyluniwch symbol "atgyfodiad" a thynnwch ei lun.

Mae Iori yn sôn bod y groes yn ei atgoffa am farwolaeth Iesu ac am bobl yn ei bentref yn cael eu lladd ers talwm. Adeg y Pasg, mae llawer o Gristnogion yn meddwl am y bobl sy'n dal i ddioddef yn annheg heddiw. Meddyliwch am bobl sydd angen help a gwnewch restr ohonyn nhw. Cymharwch eich rhestr â rhestr un o'ch ffrindiau. Ysgrifennwch gerdd neu weddi dros y bobl hynny ar eich rhestr.

Tynnwch dri llun sy'n cyfleu'r tri digwyddiad yn ystod Wythnos y Pasg a ddisgrifir ar y tudalennau hyn. Cofiwch eu rhoi yn y drefn gywir. Lliwiwch nhw i gyd-fynd â theimlad y digwyddiad, er enghraifft gallai golygfa Sul y Blodau fod mewn lliwiau llachar, cyfoethog, fel lliwiau ar gyfer brenin; gallai tristwch Dydd Gwener y Groglith fod yn llwyd; a gallai'r Atgyfodiad ar Sul y Pasg fod mewn lliwiau golau, ffres.

Pan ddaw'r glöyn byw o'r pwpa, mae'n debyg i fywyd newydd yn dod o farwolaeth.

Rebecca: *Mae pobl yn ein heglwys ni yn trefnu stondinau elusen ar gyfer CAFOD yn eu hamser eu hun.*

Helpu eraill

DAVINIA Yn stori'r Samariad Trugarog mae Iesu yn dweud does dim gwahaniaeth pwy ydych chi, os gwelwch chi rywun sydd angen help, fe ddylech chi ei helpu. Dylen ni wneud i bobl eraill fel bydden ni eisiau i bobl eraill ei wneud i ni. Dylen ni helpu unrhyw un mewn angen. Mae ein heglwys ni yn mynd i bob math o wahanol leoedd i ganu, i fynd â'r efengyl at bobl a'u helpu. Rydyn ni'n mynd i garchardai hefyd. Weithiau, os ydy pobl mewn trafferth, mae'n bwysig eu bod nhw'n gwybod bod yna rywun sy'n meddwl amdanyn nhw.

REBECCA Mae Mam yn cefnogi **CAFOD**, sy'n codi arian i blant mewn gwledydd lle mae rhyfel neu dlodi. Mae rhai o ffrindiau Anna wedi bod yn **Lourdes** yn helpu pobl sâl. Maen nhw'n mynd fel pererinion ond i helpu hefyd, ac mae'n rhaid iddyn nhw weithio'n galed. Maen nhw tua 16 oed, ond maen nhw'n cario pobl a'u rhoi yn eu cadeiriau olwyn. Trwy hynny rydych chi'n gweld ochr arall i fywyd.

MEDDYLIWCH:

Sut mae pobl yn eglwysi Davinia, Philippa a Rebecca yn helpu pobl eraill?

Pam mae Cristnogion yn credu ei bod yn bwysig helpu pobl eraill?

Petaech chi wedi bod yn cynilo arian i'w roi i elusen, ble byddech chi'n ei anfon? Ym mha rannau o'r byd y mae pobl mewn angen mawr am help ar hyn o bryd?

Rebecca: *Roedd ffrind Anna, yn y crys chwys coch, yn un o'r rhai a aeth i helpu ar y daith i Lourdes. Roedd yn rhaid codi digon o arian i fynd.*

Ffeil ffeithiau

CAFOD Elusen Babyddol. Maen nhw'n gwerthu eu cynnyrch eu hunain fel un ffordd o godi arian i helpu pobl dlawd.

Lourdes Tref yn Ffrainc lle mae llawer o Gristnogion Pabyddol yn mynd ar ymweliad neu ar bererindod am eu bod nhw'n credu y gall pobl sâl gael cymorth yno.

Cronfa TEAR Elusen Gristnogol sy'n gweithio gyda phobl dlawd ar draws y byd.

PHILIPPA Rydyn ni'n cael casgliad bob dydd Sul ac rydyn ni'n defnyddio hwnnw i dalu am adeiladau'r eglwys. Rydyn ni'n casglu arian arall hefyd ac mae hwnnw'n mynd i bobl sydd angen ein help. Mae llawer o wahanol focsys yn yr eglwys lle'r ydyn ni'n casglu arian ar gyfer elusennau. Yn yr Ysgol Sul rydyn ni'n casglu ar gyfer **Cronfa TEAR** i helpu pobl dlawd. Mae'r arian yn mynd i Pakistan, Romania, Affrica a lleoedd felly.

Pethau i'w gwneud

Darllenwch stori'r Samariad Trugarog. Fyddai dim disgwyl i'r Samariad helpu'r dyn a oedd wedi'i niweidio oherwydd roedd llawer o bobl yn casáu'r Samariaid. Ysgrifennwch eich fersiwn eich hun o'r stori. Gallai eich "Samariad Trugarog" chi fod yn unrhyw un na fyddech chi'n disgwyl iddo helpu eraill fel arfer.

Un rheswm pam mae Cristnogion yn rhoi arian i elusen yw bod Iesu yn dweud wrthyn nhw yn y Beibl i ofalu am bobl mewn angen. Gall fod yn anodd i bobl sydd ag arian ddeall sut beth yw bod yn dlawd iawn. Gwnewch restr mewn dwy golofn: *Pethau moethus* a *Pethau angenrheidiol.* Rhowch gynifer o syniadau â phosibl ym mhob colofn. Faint o'r pethau angenrheidiol allai fod yn foethau i rywun sy'n dlawd iawn?

Dywedodd Iesu yn Efengyl Marc, "Câr dy gymydog fel ti dy hun." Pwy yw cymydog y Cristion? A yw'n golygu'r un peth â'ch cymydog drws nesaf? Tynnwch lun pedwar cylch, un y tu mewn i'r llall. Yn y canol ysgrifennwch enwau eich teulu agos; yn yr ail, pobl rydych yn eu hadnabod yn dda; yn y trydydd, pobl rydych yn eu hadnabod ychydig; yn y pedwerydd rhowch bobl nad ydych wedi'u cyfarfod ond y gwyddoch amdanynt. A yw hi'n bosibl cael cylch sy'n ddigon mawr ar gyfer yr holl bobl hyn? Sut gallai hyn eich helpu i ddeall beth roedd Iesu yn ei olygu wrth "gymydog"? Rhowch deitl i'ch siart gymdogion.

Rebecca: *Mae llawer o Babyddion yn credu bod Mair, mam Iesu, wedi ymddangos i ferch o'r enw Bernadette yn Lourdes ym 1858.*

Gweithio i eraill

Sioned: *Mae'r casgliad wythnosol yn ein helpu ni i helpu pobl eraill.*

SIONED Yn yr Ysgol Sul rydyn ni'n clywed am geisio bod yn ddwylo sy'n helpu Iesu i ofalu am bobl. Dylen ni geisio helpu'r rhai sy'n methu symud llawer neu bobl gyda chlefydau neu yn yr ysbyty. Rydyn ni'n mynd i gartref hen bobl weithiau, i ganu iddyn nhw ac yna rhannu te a bisgedi.

RUTH Mae Byddin yr Iachawdwriaeth yn helpu pobl mewn gwahanol ffyrdd. Mae yna'r "daith cawl" a helpu'r digartref. Rydyn ni'n gwneud hynny yng Nghaerdydd. Ar y daith cawl rydych chi allan yn hwyr y nos, yn dosbarthu bwyd, diodydd poeth ac weithiau blancedi i bobl sy'n cysgu ar y stryd.

Yng Nghwm mae gennyn ni siop elusen a chlwb cinio ar gyfer unrhyw un sydd eisiau dod. Mae hynny unwaith yr wythnos ar ddydd Iau. Mae pobl y Fyddin yn mynd â chinio i fflatiau'r henoed yng ngwaelod Cwm. Rwy'n helpu yn ystod gwyliau'r ysgol. Mae'n waith caled, ond ar ddiwedd y dydd rydych chi'n teimlo eich bod chi wedi gwneud rhywbeth gwerth chweil.

Mae dau o bobl yn mynd draw i Lynebwy ar nos Wener a nos Sadwrn i werthu *War Cry*, ein papur newydd. Mae gennyn ni gasgliadau arbennig ar gyfer elusennau, er enghraifft i helpu pobl mewn gwledydd eraill.

MEDDYLIWCH:

Mae helpu pobl eraill yn rhan bwysig iawn o berthyn i Fyddin yr Iachawdwriaeth. Mae'n ffordd o addoli Duw. Beth mae'r Fyddin yn ei wneud i helpu pobl eraill yn ardal Ruth?

Beth mae Sioned yn ei olygu wrth sôn am geisio bod yn ddwylo sy'n helpu Iesu Grist i wneud ei waith?

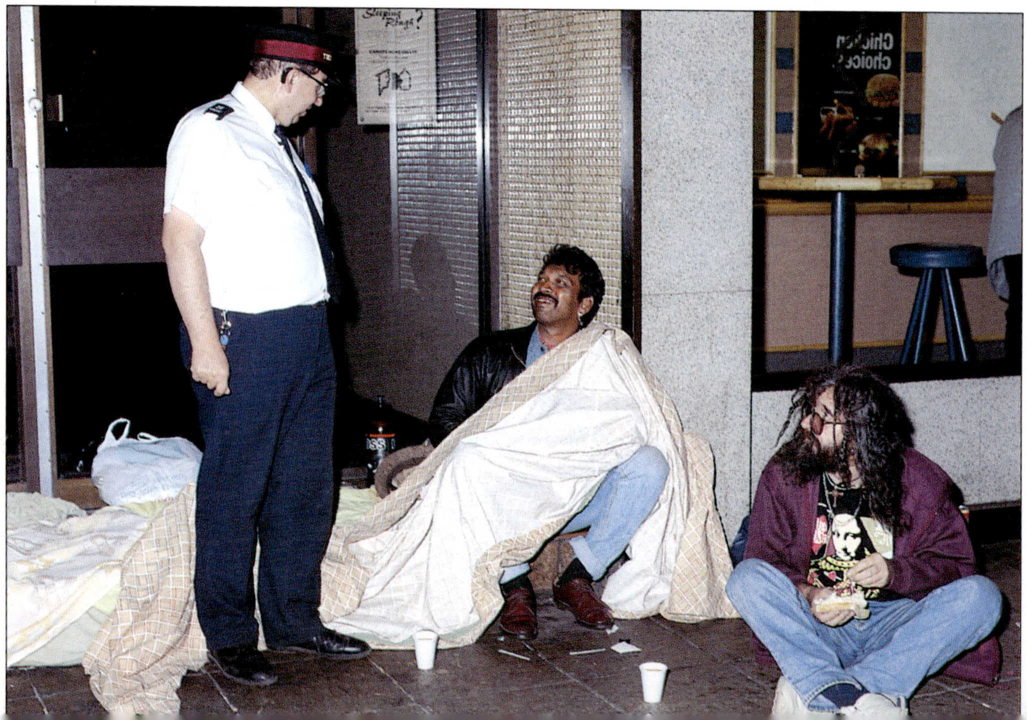

Ruth: *Mae'r daith cawl yn bwysig ond rhaid ei bod hi'n anodd mynd allan mor hwyr y nos. Yr hyn sy'n bwysig yw ei bod yn dangos i'r digartref fod rhywun yn cofio amdanyn nhw.*

Ruth: *Rwy'n canu gyda'r band mewn cartrefi hen bobl yn yr ardal ac yn darllen iddyn nhw.*

Pethau i'w gwneud

Gwnewch boster yn gofyn i bobl helpu ar daith cawl Byddin yr Iachawdwriaeth. Cofiwch roi rheswm pam mae'n cael ei threfnu.

Yn yr Ysgol Sul, dysgodd Sioned am fod yn ddwylo sy'n helpu Iesu i wneud ei waith. Meddyliwch am 5 ffordd y gallech chi fod yn llaw sy'n helpu yr wythnos hon. Tynnwch lun o gwmpas eich llaw a rhoi syniad wrth bob bys. Ticiwch bob syniad wrth ichi ei roi ar waith.

Darllenwch y stori am y ddafad golledig yn Efengyl Luc (pennod 15, adnodau 1-6). Mae Cristnogion yn credu bod pawb yn bwysig oherwydd bod pawb yn rhan o deulu Duw. Hyd yn oed os nad oes ond un person yn teimlo ei fod allan ohoni a bod neb yn ei garu, nid yw'r teulu'n gyflawn. Allwch chi feddwl am ffordd arall o wneud y pwynt bod pob un person yn werthfawr a phwysig? Defnyddiwch eich syniadau i wneud poster, neu i lunio cerdyn "Rydyn ni'n gweld eich colli" ar gyfer rhywun.

Ruth: *Rydyn ni'n cael rhwng chwe deg a saith deg o bobl yn y clwb cinio oherwydd bod y bwyd yn rhad iawn. Henoed ydy rhai, mae rhai yn famau sengl, ac mae gweithwyr yn dod draw hefyd.*

Pan fyddwn ni'n marw

Mae blodau yn ffordd o ddweud ffarwél wrth rywun rydych chi'n ei garu. Fel ein bywydau ni, dydyn nhw ddim yn para am byth.

MEDDYLIWCH:

Pan mae rhywun yn marw, pam mae'n achlysur mor drist?

Pam y gallai cymuned Gristnogol ddod yn nes at ei gilydd pan fydd rhywun yn marw?

Pa oedran ddylai plant fod cyn cael mynd i angladdau, yn eich barn chi?

SIONED Bu farw fy nhaid ddwy neu dair blynedd yn ôl. Roedd o'n arfer gwneud pob math o bethau pan oeddwn i'n fach. Wedyn aeth yn sâl a daeth i fyw yma aton ni. Pan fu fy nhaid farw roedd gen i hiraeth amdano a wyddwn i ddim sut roeddwn i'n mynd i ymdopi hebddo fo. Mae o yn y nefoedd rŵan. Rwy'n credu y gwela i fy nhaid eto ond dydw i ddim yn siwr iawn pam rydw i'n credu hynny. Roeddwn i'n rhy ifanc i fynd i'r **angladd**.

RUTH Pan mae rhywun yn marw, maen nhw'n dod â'r arch i neuadd y Fyddin ar gyfer y gwasanaeth angladdol. Wedyn mae yna wasanaeth bach yn y **fynwent** neu'r **amlosgfa**. Roeddwn yn drist iawn pan fu farw rhywun roeddwn i'n ei adnabod. Es i ddim i'r angladd. Y teulu sy'n penderfynu ydych chi'n rhoi blodau ai peidio. Os oes casgliad yn hytrach na blodau, maen nhw'n prynu llyfrau neu Feiblau ar gyfer y Fyddin. Fel arfer, os oes rhywun yn marw, rydyn ni'n gweddïo drosto.

Mewn rhai ardaloedd mae gwasanaeth angladdol yn aml yn cael ei gynnal yn y cartref. Byddai'r arch yn y parlwr neu y tu allan yn yr ***hers***.

Ffeil Ffeithiau

Angladd Enw'r gwasanaeth sy'n cael ei gynnal pan mae'r corff yn cael ei gladdu neu ei amlosgi.

Mynwent Man lle mae cyrff yn cael eu claddu.

Amlosgfa Man lle mae cyrff yn cael eu llosgi, yn hytrach na'u claddu.

Hers Car a ddefnyddir i gario'r arch.

Pan mae rhywun yn marw mae'r teulu yn drist iawn fel arfer a byddan nhw angen help a chefnogaeth gan bobl eraill.

IORI Wyth neu naw mlynedd yn ôl, bu farw bachgen ifanc yn y pentref. Yn yr angladd fe gafwyd gweddïau i'w gario i'w fywyd nesaf. Dechreuodd fy nhad gasglu lluniau a modelau o loÿnnod byw. Roedden ni'n rhy ifanc i ddeall y peth yn iawn ar y pryd. Roedd y gloÿnnod yn ein hatgoffa nad oedd marwolaeth y bachgen, nac unrhyw farwolaeth, yn ddiwedd. Maen nhw'n dal i'n hatgoffa ni o hynny hyd heddiw. Rwy'n credu bod Cristnogion yn cael cysur o gredu hynny. Mae plant yr eglwys wedi derbyn glöyn byw bob Pasg ers iddo farw.

Pethau i'w gwneud

Dyluniwch gerdyn a fyddai'n addas i'w anfon at berson ar ôl i rywun annwyl iddo farw. Pa neges o obaith a chysur allech chi ei rhoi?

Dechreuwyd dosbarthu gloÿnnod byw y Pasg yn eglwys Iori fel ffordd o gofio rhywun a fu farw. Maen nhw'n arwydd o obaith ac yn ffordd o ddeall y gall marwolaeth olygu newid yn hytrach na gorffen. Meddyliwch am ffordd dda o gofio rhywun sydd wedi marw. Tynnwch lun eich syniad neu ysgrifennwch amdano.

Ysgrifennwch sut deimlad yw colli rhywbeth neu rywun sy'n arbennig i chi. Gall hyn fod yn brofiad gwir neu ddychmygol.

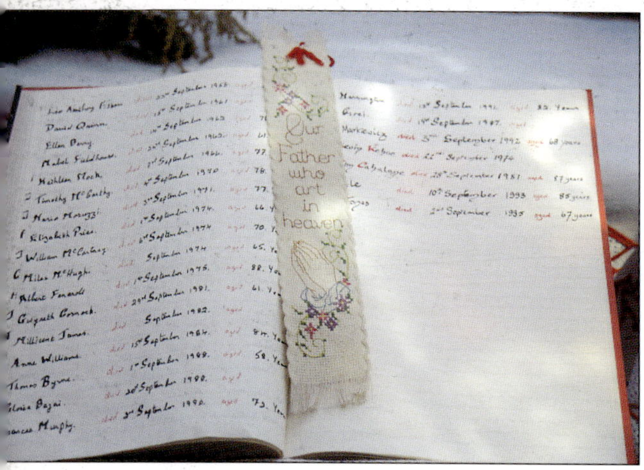

Llyfr coffadwriaeth, i'r rhai sydd wedi marw. Ar y stribed, mae llinell gyntaf Gweddi'r Arglwydd, sy'n sôn am y nefoedd.

Ar ôl i ni farw

RUTH Dydw i ddim yn siwr beth sy'n digwydd ar ôl i ni farw. Dydw i ddim yn credu ein bod ni'n dod yn ôl fel ysbrydion. Ond rydw i yn credu eich bod chi'n mynd i'r nefoedd i fod gyda Duw. Rwy'n dychmygu bod y nefoedd yn lle tawel, braf. Nid man corfforol lle mae eich corff yn dod yn fyw eto. Eich ysbryd sy'n dal i fyw.

REBECCA Dydw i ddim yn siwr iawn sut le sydd yn y nefoedd. Mae'n rhywbeth i edrych ymlaen ato. Rwy'n credu ei bod yn anodd iawn peidio â mynd i'r nefoedd, achos mae Duw yn maddau i ni os ydyn ni'n dweud bod yn ddrwg gennyn ni. Rwy'n gwybod y bydd Iesu yno.

PHILIPPA Rwy'n credu y gwelaf i Dduw yn y nefoedd ond wn i ddim sut un ydy Duw. Pan ydych chi'n marw, os ydych chi'n Gristion, rydych chi'n mynd i'r nefoedd. Os nad ydych chi'n Gristion rydych chi'n mynd i lawr i'r lle trist o'r enw uffern. Mae'n lle trist achos rydych chi ar eich pen eich hun yno, heb eich ffrindiau.

Mae carreg fedd yn gallu helpu i gadw'r atgofion melys am anwyliaid yn fyw.

MEDDYLIWCH:

Mae Ruth yn ceisio disgrifio ei syniad hi o'r nefoedd. Pa eiriau fyddech chi'n eu defnyddio, os o gwbl, i ddisgrifio'r nefoedd?

Sut mae syniadau Ruth a Rebecca am fywyd ar ôl marwolaeth yn wahanol i syniadau Philippa a Davinia?

Ai marwolaeth yw'r diwedd? A oes unrhyw ffordd y gallai rhywun ddal i fyw ar ôl i'w gorff farw?

Y wawr dros Fôr Galilea. Mae Cristnogion yn meddwl am farwolaeth fel dechrau, nid fel diwedd.

DAVINIA Roeddwn i'n adnabod Winsome Roach oedd yn mynd i'r eglwys yng Nghaerdydd. Roedd hi'n 30 oed pan fu hi farw. Roedd hi i mewn ac allan o'r ysbyty drwy'r amser ond oherwydd fy mod i'n ei hadnabod hi'n dda roeddwn i'n drist iawn pan fu hi farw. Rwy'n cofio ei bod hi'n eithaf tal ac roedd ganddi lygaid mawr. Roedd ganddi wên hyfryd. Mae gen i luniau ohoni a byddai'r rheiny'n fy helpu i gofio amdani, ond dydw i ddim wedi edrych arnyn nhw ers iddi farw. Ddim eto.

Mae rhai pobl yn dweud yr ewch chi i lawr at y diafol os buoch chi'n ddrwg a bod yno dân mawr ac y cewch eich llosgi. Ond dydw i ddim yn credu hynny. Credu rydw i bod dim byd arall yn digwydd i chi. Mae hi ar ben arnoch chi. Dyna'r diwedd. Ond os ydych chi'n credu yng Nghrist, yna mae gobaith.

PETHAU I'W GWNEUD

Tynnwch gylch yn dangos symudiad yr haul trwy 24 awr, o wawr i wawr. Ysgrifennwch frawddeg neu ddwy yn dweud pam mae Cristnogion yn meddwl am farwolaeth yn fwy fel dechrau na diwedd.

Mae llawer o bobl yn arfer y geiriau "nefoedd" ac "uffern" i ddisgrifio sefyllfa y buon nhw ynddi. Ysgrifennwch am adeg y gallech chi ei disgrifio fel nefoedd neu uffern.

Ysgrifennwch am y teimladau sy'n codi ynoch chi wrth feddwl am farwolaeth. Gallech wneud hyn fel cerdd os dymunwch.

Mynegai

*Mae rhifau tudalen **du** yn dangos eitem* Ffeil Ffeithiau.

ackie 50, **51**
adeiladau'r eglwys 55
Adnewyddu Addewid 28, **29**
addewid (*gweler hefyd* adduned) 28, 29, 35, 36, 37, 46, 47, 48, 49
adduned **35**
addurniadau Nadolig 50, 51
angladd 58, **59**
alcohol 28, 46
Almaen, yr 6, 40
Almaeneg 6, 38
allor 40, **41**, 44
amlosgfa 58, **59**
arch 58, 59
Arglwydd **35**
arweinydd 7, 15, 17, 45
astudio'r Beibl 32
asyn 20, 52
atgyfodiad 11, 12, 16, 22, 52, **53**

band (*gweler hefyd* Band y Bobl Ifanc) 42, 53, 57
Band y Bobl Ifanc 33, 36
baner 15, 30
bara a gwin 7, 40, 41, 42
bathodynnau 32, 33
bedydd 4, 15, 16, 17, 34, 35, 37, 48
bedydd esgob 36, 37, 48
bedyddfaen 15, 16, **17**
Beibl 10, **11**, 12, 13, 14, 16, 17, 18, 19, 20, 21, 28, 30, 39, 41, 44, 47, 55, 58
Beibl y Plant 20
bendith 40, 41
Bernadette 55
Bethlehem 10, 11
blaenoriaid 5
blodau 58
Booth, y Cadfridog William 13
Brechfa 6
bugail 14, **15**, 27
bwyd 15, 30, 50, 51, 57
Byddin yr Iachawdwriaeth 5, 9, 13, 15, 28, 46, 56, 57
byw ar ôl marw *gweler* dod yn ôl i fywyd

CAFOD 54, **55**
caneuon *gweler* emynau a chaneuon
canhwyllau 16, 41, 51
cannwyll fedydd 16
cannwyll y Pasg 16
capel 8, 16, 40, 44, 45, 47
capten 42, 46
carchardai 54
cardiau 15, 17, 47, 51, 57, 59
cardiau Nadolig 51
cariad 24, 45, 46, 48, 49, 55, 58, 60
carreg fedd 60
casgliad (*gweler hefyd* offrwm) 55, 56, 58
"Catholig", ystyr 12
cerddoriaeth (*gweler hefyd* emynau a chaneuon) 8, 38, 42
cleifion (*gweler hefyd* iacháu) 22, 54, 56, 61
clwb cinio 56, 57
coeden Nadolig 51
cofrestr 46, **47**
colomen 47
côr 8
Corfflu **9**, 15
corfforol **25**, 60
credo 16, **17**
Crist (*gweler hefyd* Iesu) 10, **11**, 22, 23, 61
Cristnogaeth 11
Cristnogion 4, 8, 9, 10, 11, 12, 13, 15, 16, 19, 20, 21, 30, 31, 32, 33, 34, 39, 43, 45, 48, 54, 55, 57, 59, 60, 61
"Cristnogion", ystyr 10
Cristnogion cynnar 10, 11, 12, 13, 19, 33
croes 11, 16, 20, 22, 30, **31**, 32, 33, 37, 40, 41, 47, 52, 53
croeshoelio 10, **11**, 12, 31, 41, 53
Cronfa TEAR **55**
Cwm 9, 30, 53, 56
Cwmni Canu 33, 36
cyfaddef 28
cyfarfod gweddi 22, 43
cyflwyniad **15**
cyffes ffydd 17
cyffesu 28, **29**
Cynghrair Gartref 30
Cymraeg 6, 9, 41
Cymun (*gweler hefyd* Offeren, Ewcharist) 36, 41, 44
cymun cyntaf 36, 37
cymydog 55
cynulleidfa 14, **15**, 34, 45, 47

Dafad Golledig, stori 57
Dafydd, Brenin 10
darllenfa **19**
Deg Gorchymyn 18, **19**, 27
derbyniad priodas 46
dewis 24, 32
diafol 61
digartref 56
dillad (*gweler hefyd* lifrai) 30, 32, 46
dioddef 53
disgyblion 12, **13**, 41
dod yn ôl i fywyd (*gweler hefyd* atgyfodiad) 11, 12, 16, 22, 34, 52, 53, 60, 61
"Dowch, blant bychain" 14
Drama'r Geni **51**
Duw 10, 11, 13, 15, 16, 17, 19, 20, 21, 22, 24, 25, 26, 28, 29, 32, 33, 35, 37, 38, 39, 40, 42, 43, 44, 45, 46, 48, 49, 51, 60
dŵr 14, 16, 20, 33, 34, 35, 41
dŵr bendigaid 40, **41**
"dwylo sy'n helpu Iesu" 56, 57
dwyn 27
Dydd Gwener y Groglith 52, 53
dydd o orffwys 43
dydd Sul 6, 8, 9, 16, 33, 36, 41, 42, 43, 45
dyn wedi'i barlysu, iacháu 20

Efengyl 18, **19**, 54, 55, 57
Efengyl Ioan 18, 20
Efengyl Luc 18, 57
Efengyl Marc 18, 55
Efengyl Mathew 18, 41
eglwys 8, 9, 12, 15, 16, 17, 18, 19, 20, 24, 28, 29, 33, 37, 40, 42, 43, 44, 45, 46, 47, 50, 51, 52, 54,
Eglwys Bentecostaidd 5
Eglwys Bresbyteraidd 5
Eglwys Gatholig Rufeinig 4, 12, 13
Eglwys Loegr 4, 13
Eglwys Sant Pedr 12
Eglwys y Bedyddwyr 4
eglwys y plant 44, 45
Eglwys yng Nghymru, yr 4, 13
eicon 30, **31**
eil **47**
elusennau 54, 55
emynau a chaneuon 24, 34, 39, 42, **43**, 44, 46, 50, 53, 54, 57
enwadau 4, 5, 12, 13, 37
enwau 16, 17
erlid 12, **13**
esgob **37**
Ewcharist (*gweler hefyd* Cymun, Offeren) 40, **41**
ewyllys rhydd *gweler* dewis
Exodus, Llyfr 19

ficer 6, **7**, 37

ffydd 21, 22, 23, 24, 61
ffyddlondeb 47, 48, 49

Galilea, Môr 10, 21, 61
gloÿnnod byw 52, 53, 59
Golgotha 52, **53**
Gorymdaith Dystiolaeth 53

gras 38, **39**
gwaed Iesu 33, 40
gwasanaeth 28, 41, 42, 44, 45, 46
gwasanaeth priodas 46, 49
gweddi 15, 16, 22, 24, 26, 28, 29, 30, 34, 37, 38, 39, 40, 42, 43, 44, 46, 53, 58
gweddi Davinia 38
Gweddi'r Arglwydd (*gweler hefyd* Gweddi'r Teulu) 38, **39**, 42, 60
Gweddi'r Teulu (*gweler hefyd* Gweddi'r Arglwydd) 42
gweinidog 16, **17**, 34, 43, 44, 47
gwin 20
gwisg briodas 46
gwyddoniaeth 6, 21, 24, 32
gwyrthiau 10, 20, **21**

hapusrwydd 48, 49
Harri'r Wythfed, Brenin 13
Hen Destament 11, 19
Henffych Fair **39**
henoed 56, 57
hers 58, **59**

iacháu 20, 44
Iachawdwriaeth **33**
Iddew 10, 31
Iddewon, crefydd yr 10
ieithoedd (*gweler hefyd* Almaeneg, Cymraeg) 6
Iesu 7, 10, 11, 16, 18, 19, 20, 21, 22, 25, 27, 28, 29, 31, 33, 34, 35, 37, 39, 40, 41, 45, 50, 51, 52, 53, 54, 55, 56, 57, 60
Iesu a stondinau'r farchnad 11
Ioan Fedyddiwr 34
Iorddonen, afon 10, 11, 34

Jamaica 8, 51
Jerwsalem 10, 11, 20, **21**, 52
Johnny cakes 50, **51**
Joseff 51
Jwdea 10

lifrai 5, 9, 33, 36, 46
Lourdes 54, **55**

Llanfairpwll 8
llaswyr 39
lleianod 32
Llundain, dwyrain 13
llwy garu 46
llyfr coffadwriaeth 60
llyfrau emynau 44

Mab Duw 16, 20, 25
maddeuant 26, 29, 48, 60
Maes-y-groes 52
Mair (mam Iesu) 31, 39, 51, 55
Meseia 10, **11**
Milwr Hŷn 36
Milwr Iau 28, 29, 33, 36
miwsig gospel 38, **39**
modrwy briodas 46, 48
moethau ac angenrheidiau 55
morwyn briodas 46
Moses 19
mynachlogydd 13
mynwent 58, **59**

Nadolig 50, 51
Nasareth 10, 11, 12
nefoedd 24, 58, 60, 61
neuadd Byddin yr Iachawdwriaeth 15, 28, 36, 42, 43, 53, 58
neuadd yr eglwys 52
"newyddion da" 18, 19
Nos Galan 51

offeiriad 16, 29, 40, 41
Offeren 6, **7**, 40
offrwm (*gweler hefyd* casgliad) 45

Pab 4, 12, 13
Pabyddol, Pabyddion 6, 12, 13, 16, 36, 48, 49, 55
Palestina 10, 11
palmwydd 20, 52
Pasg 20, 52, 53, 59
Paul 12, 13
pechod 26
Pedr 12
Peniel 7
Pentecost 5
pererindod 54, 55
plwyf 7
porthi'r pum mil 20, 21
pregeth 44, **45**
pregethu 12, 21, **13**
"presbyter", ystyr 5
priodfab 46, 47, 48
priodferch 46, 47, 48
profi 22
proffwydi 10, **11**
prydau bwyd 30
pysgod hallt 50, 51
pysgod Pedr 21

rhegi 26, 28, 34
rheolau 27, 30
rhieni 26, 27
rhieni bedydd 14, 15, 16
Rhufain 4, 12, 13
Rhufeiniaid 10, 11, 13

sagrafen 48, **49**
Samariad Trugarog, stori'r 30, **31**, 54, 55
Samariaid 31, 55
Sedd Trugaredd 28
Siôn Corn 50
siop elusen 56
smygu 28, 32
storïau 44
Sul y Blodau 20, 52, 53
Sul y Pasg 52, 53
Swper Olaf 41
swyddog (*gweler hefyd* capten) **15**
symbol pysgodyn 32, **33**
symbolau cariad 46, 47, 48, 49
symbolau Cristnogol 16, 32, 33, 37, 39, 47, 51, 52, 53

taith cawl 56, 57
teisennau croes 52
Teml (yn Jerwsalem) 11
temtio 26, **27**
Testament Newydd 11
teulu 6, 7, 8, 14, 16, 17, 18, 20, 30, 38, 39, 42, 49, 55, 57, 58
tlodion 55
trip yr Ysgol Sul 44
troi dŵr yn win, gwyrth 20
trugaredd 29
twyllo 26
tystiolaeth 34, **35**, 42

uffern 60, 61

War Cry 56
Winsome Roach 61
Wythnos y Pasg 53

ymladd 26
ysbryd 25, 60
Ysbryd Glân 5, 16, 22, 23, 33
ysbrydion 60
ysbrydol **25**, 60
ysgol 6, 7, 8, 9, 17, 26, 27, 32, 33, 45, 50
Ysgol Sul 8, 18, 26, 36, 43, 44, 47, 55, 56, 57
ysgrythur 38, **39**